ミシシッピ・デルタ ストーリー

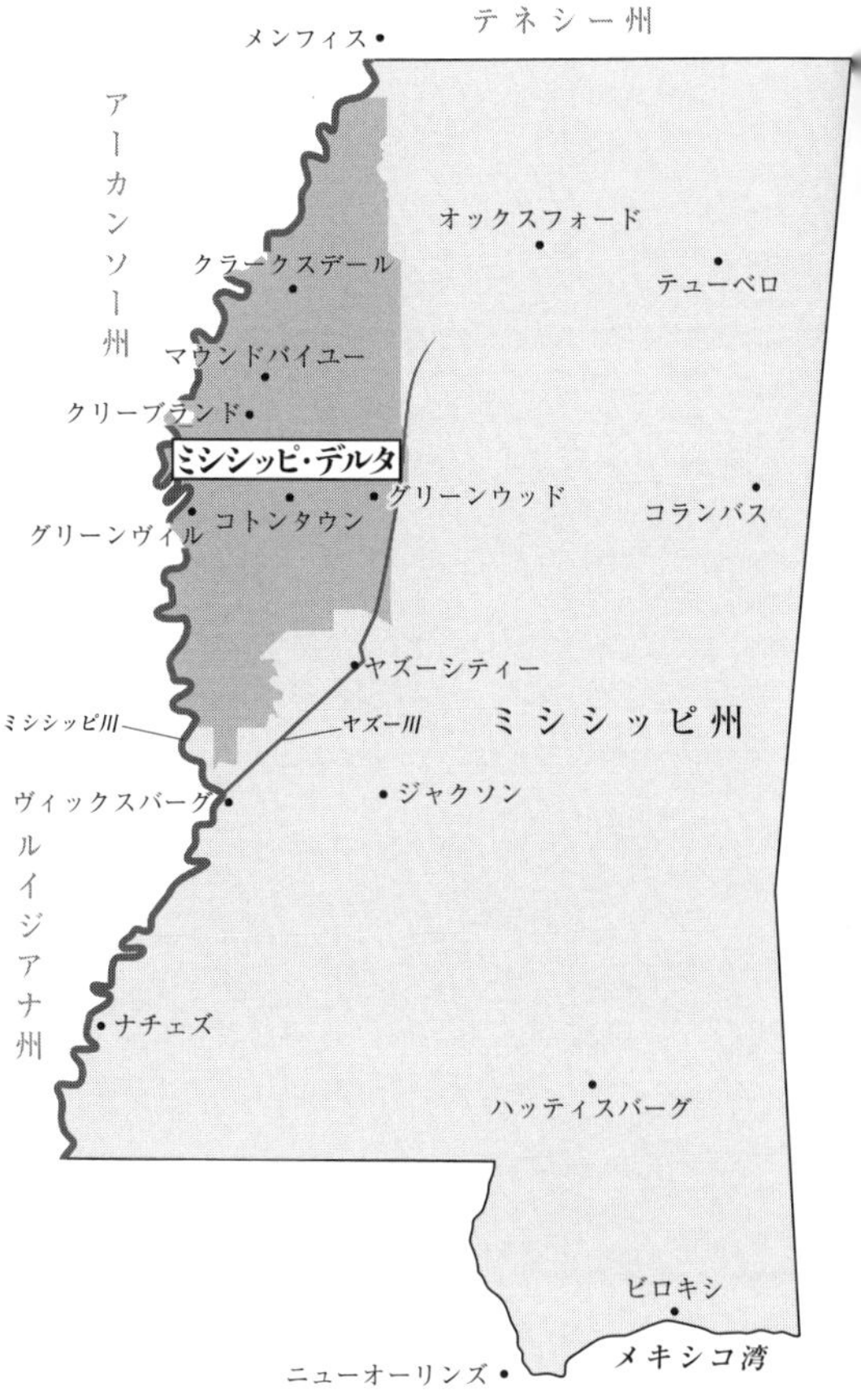

［著］谷村 淳次郎

はじめに

アメリカ南部ミシシッピ州にデルタという地域があります。ここは、一般に考えられているミシシッピ川最下流の、ニューオーリンズ近辺の地域ではなく、ミシシッピ州北西部のミシシッピ川とヤズー川にかこまれた平野の地域です。

デルタは、南北戦争以前から、極めて肥沃な農地となり、綿花の大プランテーションが数多くできて、最も厳しい奴隷制度が実施され、奴隷解放後も厳しい小作人制度が行われ、深南部の中でも黒人に対する人種差別の最も厳しい所として知られるようになりました。

私は一九六〇年代はじめ頃からこの地域に興味があり、行ってみたいと思いましたが、当時は黒人の公民権獲得闘争が激しく行われており、南部白人は、黒人を支援する北部白人が入り込むのを極度に警戒していて、ここに入るには専用のパスポートが必要とさえ言われておりましたので、外国人が行って滞在することなどは、ほとんど不可能で、やっと行くことが出来たのは、七〇年代半ばでした。

しかしその時には、すでに、ミシシッピ州政府の抵抗にもかかわらず、合衆国連邦政府の強い圧力によって、黒人にも法律的平等は与えられ、公立学校はすべて黒白統合され、公共施設における黒白の区別も廃止されていて、「白人絶対優位」と「黒人蔑視」の歴然とした雰囲気は残っていたとしても、状況は相当変わっており、十数年早く来たかったなという心境でした。

それで、黒人が公民権を獲得する直前に、たまたまそこに行くことの出来た二人の日本人を想定し、デルタの町の状況を想像して書いたのがこれらの物語です。一作目で高校三年生が行き、一年後に農学の研究者が同じ町に行きますが、二作目では、アメリカの人種差別とともに、それでは日本人の差別意識はどうだったのかも考えました。

もくじ

デルタ　ストーリー

——おじいちゃんから高三のきみへ——

わたしには夢がある。いつの日か、ひとびとの不正と抑圧の熱気で荒れはてたミシシッピ州さえも、自由と正義のオアシスに変わるであろうような夢が。

マーチン・ルター・キング・ジュニア（一九六三年）

一

このあいだはリーダーのテキストを貸してくれてありがとう。高校のテキストを読むのなんか久しぶりのことだからどれも面白かったけど、最後の課のキング牧師の演説には釘づけにされたよ。この時、おじいちゃんは高三でアメリカにいたんだからね。それも、ミシシッピ州にね。彼の言う不正と抑圧の熱気で荒れ果てたミシシッピ州にさ。

きみが今通っている都会の進学校と違って、おじいちゃんが日本で行っていたのは、田舎ののんびりした高校だったから、アメリカ留学なんて考えてもいなかったんだよ。それが、英語の先生の中に、教員のアメリカ留学の試験に命をかけているんだけれど、毎年落ちている人がいてね。おじいちゃんが身代わりに高校生のを受けさせられた形さ。

もちろん受かるなんて想像もしていなかったし、「だめもと」の気楽な感じで受けたら受かっちゃったんだよ。今のように単位の互換制度というものもなかったし、高校を一年間休学して帰ってからまた高三に戻って、一年遅れて日本の大学に入るつもりだったんだ。

英語はもちろん好きだったよ。今と違って、テレビ・ゲームはもちろん、ＣＤも携帯もない時代だったから、当時の田舎の劇場にも氾濫していたアメリカ映画ばっかり見ていたんだ。土日はほとんどね。同じ映画を繰り返し、繰り返し何回も見ていたから、字幕を見ないでストーリーがだんだん理解出来てきてとても面白かったな。アメリカに行ったら向こうの高校生より、ずっとたくさん見ていて、びっくりしたさ。

だけど、おじいちゃんの一番好きな科目は地理だったんだよ。これはごく小さな子供のときからで、地図を描いてそれに色々な産物などの分布を、色鉛筆で書き込むのがとても好きだったんだ。だから中学や高校でも退屈な授業のときには、ノートにいつも地図を描いていて、飽きることがなかった。教科書の黒人が大きな袋を引きずって綿摘みしている光景など、とても興味があったんだ。

綿はもちろん一年草で、毎年春に種を植えるものだけれど、何かの本に「綿の木」と書いてあるのを見つけて地理の先生に、「綿は草でなく、木ではないですか?」と質問して困らせたことがあったよ。これはそれを書いた人が、摘まれたあとの「わた」と区別して、植物として農場に生育している状態での「わた」を言っていることは、あとになって分かったんだけどね。きへんの「棉」という漢字が、これを非常によく表していると思うよ。

黒人の綿摘みに対する興味だけで、留学先を南部に決めたわけではないんだけど、高校生だったおじいちゃんの単純な頭にも、ハリウッド映画の舞台が非常にかたよっているように感じられたんだ。ほとんどの場面は東部と西部で、それに中西部が少しあったけど、南部は「風と共に去りぬ」のような古典的なものだけで、当時の南部の姿は全然映らないから、知る由もなかったんだ。フロリダやテキサスは映ったけれど、おじいちゃんが見たかったのは、もう少し本当の南部だったんだよ。

それで、留学希望地を書くとき、迷わずに南部と書いた。そしてかっこして、（本当の）と入れておいた。その頃のおじいちゃんにとっては、ディープ・サウス（深南部）という言葉があることなど、知るはずもなかったからね。専門家が見たら、（本当の）なんておかしかったと思うよ。今思えば、それは深南部という意味だったんだから。そしたら、ミシシッピ州のコトンタウンという町に、受け入れる高校とホスト・ファミリーが見つかって、そこに行くことになったのさ。

そこがまさしく本当の南部だと分かったのは、行ってしばらくたってからだったよ。アメリカを専門に研究している大学の先生だったら、もちろん分かっていたんだろうけどね。そこへ割り当ててくれた人は、（本当の）の意味をよく分かる人だったんだと、今でも感謝しているよ。

あの時、みんなの意見など聞いていたら、どうしてミシシッピ州の高校なんかになっただろう。だいたい、ミシシッピなんていう州がアメリカにあることなど、誰が知っていただろう。ミシシッピ川というのは、誰でも知っているけどね。ミシシッピワニというのがいることも、わりと知られているさ。でも、ミシシッピ州なんて、誰がさ。

「せっかくアメリカに行くのに、どうしてそんな所へ行くの？」というのが、アメリカを相当に知っていると自認する人たちの疑問だったんだ。普通の人たちはアメリカに留学すると聞いただけで、ただ「いいな！」、「すごいな！」とうらやましがるだけで、アメリカのどこへ行くなんて全然関係なかったさ。アメリカといったら、映画で見るアメリカに決まっていて、アメリカ人といったら、もちろん白人のことだったから、黒人の多い南部へ行くなんて想像することも出来なかったんだ。

ただひとり、留学をすすめてくれた英語の先生だけが、ミシシッピ州のことをかなり知っていて、

「きみの行くところは、フォークナーというノーベル賞作家の住んでいた所の近くのはずだよ。彼はこの間死んだと新聞に出ていたけどね。行けたら彼の家など見て来て教えてくれよ。なんでも、黒人が多くて人種差別のひどい所らしいよ」と言い、「あの辺の言葉は南部方言といって、東部や西部の話し方とは相当違うらしいから、英会話の向上にはあまり役立たないかもしれないけど、日本人がまだほとんど行ってない所だから、かえって

色々な意味で得るものがあるかも知れないな」と言っていたんだ。

おじいちゃんが「綿の木」の質問をして困らせた地理の先生も、「きみの行くアメリカは文字通り綿の本場だから、一年間じっくり見て来て教えてくれよ。あの辺りの綿は、人間の背たけより高く伸びるという話だからな。でも、まず第一に、木でないことを確かめるんだぞ」と笑って肩をたたいていたさ。

二

九月上旬、アメリカの国内線を乗り継いで、テネシー州西南端のメンフィス空港についたんだ。最初のが何という飛行機であったかはもう覚えていないけど、メンフィスについたときの飛行機がデルタ航空であったことは、忘れようにも忘れられないんだ。それはね。メンフィスこそがミシシッピ・デルタの始まりで、おじいちゃんが一年間滞在したコトンタウンの町は、そのデルタのど真ん中にあったからさ。そして、一年いるあいだ中、デルタ、デルタ、デルタと繰り返し言われるのが耳に入ってきたからね。

そこは日本の地図でミシシッピ・デルタと書かれているニューオーリンズの近くの土地ではなく、州北西部の土地で、ミシシッピ州の人たちにとっては、ある厳然とした、特別な意味をもつ広がりなんだよね。はじめは全然分からなかったけれど、そこで暮らしているうちに、そこがどういう所なのか、徐々に、徐々に分かっていったんだよ……最も厳しい奴隷制度がおこなわれて、解放後もそれまで百年ものあいだ、最も厳しい人種差別がおこなわれてきた場所であることがね。

空港にはホスト・ファミリーのハインズ夫妻が出迎えに来てくれていた。ハイウエーの両側には、背の高い緑の作物が無限に続いていて、それがどうやら綿らしかった。でも、教科書に載っていた写真の綿とは全然似ていないのさ。それで前のハインズ夫人に聞くと、

「そうよ。綿なの。デルタの王様よ。デルタのいのちと言ってもいいわ」

と言った。これがデルタ、デルタ、デルタを聞くことになる始まりだった。

「よーく見てごらん。小さな緑のボールみたいなのが、たくさんついてるでしょう。あれが丸莢《まるさや》って言うんだけど、もう少しするとあれが割れて、中から白い綿の花が出てくるの。そして、見渡す限り真っ白になるのよ。雪が降ったようにね」

と付け加えたんだ。メンフィスを出てからは、日本的感覚での町らしい町もなくてね、そのような綿畑の中を三時間半ほど走って、ようやくコトンタウンの町へ着いたんだ。

ハインズ氏はこの町に二つある銀行の一方の頭取だった。夫妻はともに五十代の後半で、二人の子供はもう大学を出て家にはいなかった。姉のほうは親たちと同様、州の北東の丘

の町にあるミシシッピ大学を出て結婚して、ジョージア州のアトランタに住んでいた。このミシシッピ大学のあるオックスフォードという町が、英語の先生が言っていたフォークナーという小説家が住んでいた町だと知ったのは、もっとあとのことだったけどね。弟のほうは相当に優秀だったらしくて、南部はいやだと言って東部のエール大学を出て、ニューヨークで勤めていた。結婚はまだらしかった。

普通の日本的な感覚からして、おじいちゃんは、それほどかけ離れて身分の高い人の家に泊まっているという意識はなかったんだ。だけど、ここの住民の見る目には驚いたよ。ハインズさんの家に泊まっていると言うと、何もかもすべてＯＫなんだからね。それが最高の身分証明書さ。白人と黒人の割合が一対二の町だから、白人だというだけでもう上の三分の一に入れるんだけど、ハインズさんの場合にはその中でも、五本の指に入っていたんだからね。

白人居住地域はたしかに、当時の日本の住宅地とは雲泥の差があったよ。緑の芝生に白を基調とした美しい家屋、それを取り囲む豊かな木々は、日本では普通に見られない光景だった。だけど、それはもう、多くのアメリカ映画で十分見慣れていたので、それほど驚くこともなかったんだ。それよりも、映画ではほとんど全く見られなかった驚くべき貧しさが、鉄道線路の向こう側の黒人居住地域の至るところに見られるのにはびっくりしたよ。

おじいちゃんたちが、それまで映画で見ていたアメリカの貧困というのはね、ニューヨークのハーレムとか、シカゴの黒人街といったような都市型のビル街におけるものだったんだ。

だから、それは家屋の貧弱だった我々日本人にとっては、まだ何かしら先進的なにおいを感じさせる貧困だったんだ。だけどあの町で見た貧困は、日本の田舎では見たこともないような貧困、ああ、これが奴隷制時代の名残りなのかと、納得させられるようなすさまじいものだったのさ。映画を見て、あれが普通のアメリカだと思っていたものが、この南部の町では、三分の一にも満たない白人だけのものだったのだと知って、実際驚いたよ。

三

九月なのに、さすがにミシシッピ・デルタの暑さは猛烈でね、北海道で生まれ育ったおじいちゃんは焦げつくような感じだったよ。ハインズ家の知り合いの主な家への挨拶まわりも一応終わって、高校はまだ始まっていなかったので、おじいちゃんは毎日汗をふきふきダウンタウンや白人居住地域と町の周辺を歩き回っていたんだ。綿畑では、この間空港から来る車の中から見た小さな緑の丸いボールが割れかかって、中から白い綿が見え始めていたさ。黒人居住地域にもちょっと行ってみたけど、やはりすごく異質の感じがして、大急ぎで一回りして帰って来たよ。ものすごく惨めな感じで、映画では見たことのないものだったよ。

その日の午後もダウンタウンのスーパーの前を歩いていたんだ。平日だったので買い物客はあまりいないらしくて、駐車場には数台の車しか停まっていなかった。そこへ一台の貧弱な車が来て停まって、中から若い母親らしい黒人の女性が降りて、うしろの座席にいる小さな男の子に何やら言っているのが見えたんだ。

その母親が店の中に入ると、それと入れ代わるように、小学校の低学年らしい白人の男の子が出て来たんだ。そして、停まっている車の中を、窓越しに見て周りはじめたのさ。やがてその子は、さっきの黒人女性の車の中をのぞいて、中に向かって何やら言いはじめたんだ。それがだんだん荒々しくなって、そこらにあった石を拾って、がつがつ叩き始めたのさ。中の黒人の子はじっとしているようだったけど、白人の子は今度は構えて、その石を窓に投げつけるしぐさをしたんだ。

この間、空港から家に着いた時にすぐ、おじいちゃんはハインズ夫妻から、「クロンボとは関係をもたないようにね」と言われていた。

「あなたとは全く関係のない人たちなのですからね。クロンボなんかと全くかかわらなくても、あなたは何も生活に困らないはずです。白人とだけの付き合いで、十分に暮らしていけるのです。それも、このあいだ挨拶に連れて行ったような、ここの中流上層以上の白人たちとの付き合いだけでね。
日本の国だってそうでしょう。日本の政府はクロンボのアメリカなんかと付き合っていないでしょう。日本が付き合っているアメリカは一流のアメリカ、白人のアメリカなのです。あなたは白人から学ぶために、わざわざ留学して来たのでしょう。東部には少数ですが、優秀なクロンボはたしかにいます。でも、それはほんの一握りです。南部のクロンボなんかは、無視すればいいのですよ。クズばかりですからね。とくに、デルタのクロンボはね」

おじいちゃんはスーパーの前で、石を持って構えている白人の男の子を見ながら、その言葉を思い出していたんだ。日本からの留学生のホスト・ファミリーになるくらいなのだから、相当国際感覚に優れていて、たとえ南部白人であっても、人種的偏見のない人たちなのだとばかり思っていたんだ。だけど、ここに来てから、あの人たちの黒人に対する言動を見ていると、全然そうじゃないんだ。ホスト・ファミリーを引き受けたのも、あの頃すごく上昇してきて無視出来なくなった、東京オリンピック直前の日本の経済力に対する、南部の経済人としての敬意によるものだったらしいよ。

デルタの経済人たちはね、黒人に対する人種差別の点では、権利を与えようとする連邦政府の政策と対立していたんだ。しかしね。だからと言って、彼らが連邦政府のすべての行為に反対しているわけじゃない。連邦政府の農業近代化の政策、すなわち、農業の機械化だとか化学肥料や化学薬品の使用だとか作付面積の削減なんかは、デルタの経済人の利益と一致していて、賛同してきたんだ。これらを推し進めることは、その頃彼らの望んでいた黒人排除の意向と、奇妙にも一致するものだったからね。

だから、デルタの経済人にとっては、日本からの留学生のホスト・ファミリーになることは、黒人差別という点で連邦政府の意に反していても、それほど矛盾することじゃなかったんだよ。黒人差別で政府に悪感情を持たれている南部白人にとっては、国際的な協力をすることによって、多少とも政府の受けを良くしようとすることは、当然のことだったんだ。

このようなこともあってね、ハインズ夫妻はデルタにかなり住んでいる中国人たちよりも、ほとんどいない日本人の方を上にランクづけしていた。だけど、それはなにも思い上がっている日本人が考えているように、民族的に日本人の方が上だと思っているわけでは全然なくて、冷戦時代における中国人の母国の位置によるものだったんだ。今とは大違いさ。つまり、国交のない共産中国と、経済的にだけ結びついている台湾という印象の薄さからだったのさ。アメリカの中国人は全く個人の能力によってしか判断されないし、日本人は今や経済力で強国となりつつあった母国を背景として見られていたんだ。


「やめなさい。石を投げるんじゃない」

とおじいちゃんは叫んだ。白人の子はびっくりしてこっちを向いた。

「やめなさいよ。そんなこと。窓が壊れるし、中にいる子供がけがするじゃないか」

とおじいちゃんが言うと、その子は、

「なにこんなボロ車。中にいるのだって、きたないクロンボの子じゃないか」

と言って、また石で窓ガラスをゴツゴツたたいた。

「やめなったら。そんなことして、悪い子だね」

とおじいちゃんが言うと、その子は今度はおじいちゃんの方にその石を向けて、

「中国人なんてだまってろ」

と言うんだ。

ちょうどそのとき、その子の母親らしい、荷物を抱えた白人の女性がスーパーから出て、こっちへ向かって来た。

石を持って構えている自分の子とおじいちゃんの顔を交互に見つめながら、

「あら、坊や、どうしたの？」

と言った。

「この中国人めが、ぼくに文句をつけたんだ。悪い子だって」

とその子は母親に訴えた。

母親はじーっときつい目でおじいちゃんをみつめた。おじいちゃんは弁解した。

「理由もなく文句をつけたわけじゃありませんよ。あなたの子供がこの車の中の子をどなりつけて、石で窓ガラスをたたいたり、投げようとしたんで、やめなさいって言っただけです」

白人の母親は自分の車の方へは行かず、荷物を抱えたままこっちの車の方へやってきて、中をのぞきこんだ。

「なーんだ。クロンボの車じゃないの。クロンボの子がいるだけじゃないのさ」

おじいちゃんは、ほとんど頭にきてたよ。

「黒人の車なら、石でたたいても、投げてもいいんですか？」

白人の女のきつい目は、ほとんど黒人を見る憎悪のまなざしになっていた。

「あんたは一体何を言いたいのさ。うちの子供がクロンボの子に何をしたって言うの？白人の子供が先に、何か悪さをするわけがないじゃないの。クロンボの子が先に悪さをしたに決まってるわ。ね、そうでしょう、おまえ?」

おじいちゃんはその剣幕《けんまく》にほとんど圧倒されて、沈黙していた。それに対抗する英語力もなかったからね。

「そうだよ。そのクロンボの子が、車の中からぼくに悪態《あくたい》をついたんだ。だから、ぼくが石を拾ったんだ。持ってただけなんだ。投げようとなんかしてないよ」

「そうでしょう。クロンボが何か悪さをする前に、白人が何かをするわけがないじゃないの」

その白人の女性はもう一度憎悪のまなざしでおじいちゃんをにらんだ。

「あんたはクロンボびいきなの? 中国人のくせに白人に文句をつけたりしてさ」

おじいちゃんがなんとか反論しようとして、頭の中で英作文をしているうちに、黒人の母親が買い物を終えて出てきたんだ。自分の車のあたりで起こっている何か険悪な様子に気づいて、恐る恐る近づいて来た。白人の女性に声をかけるのは、よくよく気をつけているらしく、おじいちゃんの方をそっと見ていた。すると、白人の女性は黒人の女性に向かって言った。

「ちょっと。あんたの子がね、うちの子供に何か悪態をついたの。それで、うちの子供が石を拾ったの。そしたら、この中国人が騒ぎ立てたらしいの。よく注意してよ」

おじいちゃんは、もうあぜんとしていたよ。

「はい。どうもすみません。よくよく注意しますから」

と言ってその黒人女性は、そそくさと車のドアを開けた。おじいちゃんは言った。

「そうではありませんよ。あなたの子供は何も悪くありません。子供を叱らないでください」

白人女性に反論するよりもずっと易しい英語だな、とおじいちゃんは思った。これなら全く正しい文だ。

「はい。どうもすみません」

と黒人の女性は、おじいちゃんの方を向いて頭を下げたけど、もう一度白人女性の方に向きなおって頭を何回も下げてから車に乗りこんだ。そして、どうでもいいから、とにかく、この状況から早く逃れようとするように、頭を下げたまま発車したんだ。

白人女性はおじいちゃんを改めてにらみつけたよ。

「中国人は黙ってた方がいいのよ。ここではね。その方が身のためよ。白人とクロンボのことにいらない口出しをしたら、いいことないのよ。やっと、白人並みにしてもらってるんだからね、あんたたちは」

「ぼくは中国人じゃありませんよ。日本人ですからね」

「あら、そうなの？　日本人なんてここにいるの？　だったらなおさらよ。敵だったんだからね。どうりで見たこともない顔だと思ったわ。何してるのさ、ここで？」

白人女性は少し興奮からさめたらしかった。

「留学生で、ここの高校に一年通うんです」

「あら、そうなの？　そして、どこに泊まってるのさ？」

「コトン銀行のハインズさんの家です」

白人女の驚きが、顔に表れた。

「へーえ、そうなの？　そしてこれからずーっとハインズさんのとこにいるの？」

「ええ、そうです。ホスト・ファミリーですから一年間ずーっと」

とおじいちゃんが答えると、

「そう。そうなの？」

と繰り返して、

「じゃあね」

と言って、さっきの出来事はまるでなかったように、男の子をせきたてながら、自分の車の方へと行ったんだ。新参のアジア人には、南部白人の威力をもう少し示しておく必要があると思っていたのを、ハインズさんと聞いて、早急にやめたようだった。おじいちゃんは、改めてこの町でのハインズ家の威力を感じたってわけさ。

おじいちゃんは帰ってすぐに、さっきの出来事をハインズ夫人に話したんだ。ここに泊まっていると言ったら驚いていたとは、話さなかったけどね。おじいちゃんにしたら、この白人女性のひどい態度を強調したかったわけさ。「ここにも教養のない白人はいくらもいるのよ」くらいの言葉を期待していたんだ。

ところが、この出来事に対するハインズ夫人の反応は、意外に冷ややかなのにびっくりしたさ。

「そういう場面に接したときには、避けるのよ。つまり、見ないふりをするの。それがここでは最も賢明な方法なのよ。あなたも、だんだん学ばなくっちゃね」

「明瞭に白人の子供が悪いときでもですか？」

「そうよ。白人はここでは絶対に優位なのよ。それは、ここの歴史が始まってから、決まっていることなの。それが最近、公民権運動とかによって揺らぎ始めたのよ。だけど、ここの白人にとっては、これは絶対に守らなければならないことなの。だから、白人の子供がクロンボの子より悪いなどということは、絶対に認められないのよ」

ハインズ夫人の言葉は、さっきの白人女性の言ったことと、完全に一致していたんだ。教養以前の問題だったのさ。おじいちゃんはあぜんとしたよ。ここでの人種関係の深刻さを、あらためて痛感したってわけさ。

四

高校はもう始まっていたけど、別にどうってことなかったよ。日本で通っていた高校よりずっと小さかった。もちろん黒人は用務員のおじさんと掃除婦のおばさんだけだった。中国人らしい学生がちらほら見えるだけで、あとはすべて白人だった。英語がまだ聞き取りにくいから理解しにくいだけで、日本の高校より程度が高いとは思えなかった。先生も学生もみんなとても親切で、困るようなことは全くなかった。これも初めの日に、ハインズ氏が学校に連れて行ってくれて、校長はじめ先生方全部とクラスの学生に、紹介してくれたせいかもしれないけどさ。

毎日学校には真面目に行っていたけど、おじいちゃんには何となく単調な感じだった。今この地方で盛んに行なわれている公民権闘争をよそ目に、学校の中は平穏すぎるほど平穏だった。学力から言っても、家庭環境から言っても、ピンからキリまでの生徒が入っている感じだったけど、黒人が圧倒的に多いこの町では、白人高校に入っているということだけで、ある種のステイタスになっていて、それに安住しているようで張り合いがなかった。それに日本とは違って、もちろん土日が休みだったしね。

おじいちゃんはその当時、別に政治に特別関心があったわけじゃないんだけど、ここの土地が、二十世紀後半のアメリカでは、かなり特殊なところなのだということが次第に分かってきていた。そして、閉鎖的な学校の白人だけの単調な生活よりも、むしろダウンタウンや、白人住宅地で見聞する白人と黒人の接し方、対応の仕方などの方に、より興味をもつようになっていったんだ。

色々な場所や施設が白人用、黒人用に分離されている中で、一見差別のなさそうに見えたのが郵便局だった。だけど、実際はそうではなかったんだ。それはダウンタウンの北の端の、黒人住宅地と接している所にあった。

ある日の午後、学校の帰りに、おじいちゃんは切手を買うために郵便局に入った。切手を売る窓口には、何人かの人が並んでいたので、おじいちゃんはその後ろについたんだ。そして、郵便局の中の様子を眺めていたさ。だけど、しばらくそこに立っていて、その列がさっきからほとんど前に進んでいないのに気づいたんだ。よく見ると、前に並んでいるのは全員黒人であることが分かった。白人は入ってくると、並んでいる黒人の横を通りぬけて、次々と窓口へ行って用を足すんだ。白人がいなくなったときだけ、黒人の列が一歩前に進むのさ。

それでもしばらくするうちに、おじいちゃんの前には中年の黒人女性一人になって、おじいちゃんの後ろには、また何人か並んでいた。そのとき、窓口係の若い白人の職員はおじいちゃんが黒人でないことに気づいたらしくて、おじいちゃんの方を向いて、

「次の人」

と言った。

おじいちゃんがキョトンとしていると、さらにおじいちゃんの方を指さして、

「あんただよ」

と言うんだ。

おじいちゃんはちょっととまどったよ。とても、前に立っている黒人女性を追い越して行く気にはならなかったからね。それで、ちょっとその女性の背中を押して、

「どうぞお先に。進んで下さい。どうぞ。どうぞ」

と繰り返したけど、その黒人女性はもじもじしていて、そのうちに入ってきた白人女性が、さっさと窓口へ行ってしまったんだ。黒人女性はすまなそうに頭を下げていた。

「次はきっとすぐ行ってくださいよ」

とおじいちゃんが言うと、

「はい。今度はそうします」

と彼女は言った。

白人女性が終わって、窓口係が、

「次の人」

と言ったとき、白人の男が入ってきたけど、その男は当然おじいちゃんが行くと思ったのか、立ち止まっていた。おじいちゃんは黒人女性の背中を、また軽く押してやった。彼女は今度は思い切って歩み出た。

「あんたじゃないのにな」

窓口係の男は、いまいましそうに言った。おじいちゃんの後ろの男も、

「ちぇっ」

と言って、何かぶつぶつ言っていた。おじいちゃんには、「ニガー」（クロンボ）という言葉しか分からなかったけどね。

黒人女性が終わって、窓口係が、

「次の人」

と言ったとき、おじいちゃんはすっと前に出た。後ろの白人の男は黙って従った。窓口係はおじいちゃんに言った。

「あんたは来たばかりで、まだここのしきたりが分からないようだけどね、クロンボな

んて居たって全然気にしなくていいんだよ。あいつらは、いくら待たせたって構わないんだから」

おじいちゃんは黙っていた。とても「はい。分かりました」なんて言えなかったし、うなずくことさえ出来なかったよ。帰り際、出口のところで振り返って見ると、どこの窓口も、待っているのは黒人ばかりだったさ。

出口を出たところで、さっきの黒人女性が立っていた。さっきは後ろからだったのでよく分からなかったんだけど、色が黒いというだけで、上品な顔立ちをした、身なりのきちっとした女性だった。

「さっきはどうも有難うございました」

と彼女は深々と頭を下げた。

「いいえ、いいえ。どういたしまして。私の方こそ余計なことをしたようで、申し訳ありません。背中を何回も押したりして、失礼致しました。いまどき、このような差別があるとは、全く驚きました。こんなことをされるくらいなら、むしろ、別々の窓口にした方がすっきりするくらいですね」

「ほんとうに。でも、そうなったら、私たちの窓口には、係はいつもいないということになるでしょうから、結局は同じことです。私たち長年ここで暮らしている者は、こういうことにはもう慣れっこになっているのです。どこに行っても待たされるばかりです。白人の係が気に入らないと、一日中待っていても、して貰えないこともあるんですよ。あなたは来たばかりのようですが、中国人ですか？」

「いいえ。日本からここの高校に来た留学生です。まだ来たばかりですので、ここの様子はよく分からないのです」

「そうですか？　でもすぐにここの習慣になれますよ。どこにお泊まりなんですか？」

この問いは、ここに来てから話をしたほとんどすべての人がしてくる問いなんだよ。このような古くからの、小さな因習的な町の場合、泊まる場所によって、その人に何らかのランクづけをしようとするのかもしれないね。

「銀行のハインズさんの家です」

その黒人女性には、明らかに驚きの表情が浮かんでいたけど、おじいちゃんはもう慣れっこになっていたので、あまり気にとめなかった。この町では、みんなが驚くほど身分の高い人なんだなと、思い込んでいたからね。黒人にとっては、ただそれだけではないんだと知ったのは、もっと後になってからだったんだ。

「あの頭取のハインズさんのところなんですね？」

「そうです」

黒人女性の表情は、もう元に戻っていた。でも、もうそれまでの、落ち着いた、おだやかな様子ではなかった。

「あの方は、私たちにとっては雲の上の人です。あなたはここで、私などと話をしたりしてはいけないのです。では、さようなら。さきほどは、本当に有難うございました。あんなことをして頂いたのは、初めてです。お元気で」

と言って彼女は礼をしたので、おじいちゃんも、

「お会いして嬉しかったです。またいつかお会いしましょう。では、さようなら」

と言って別れた。

郵便局でこのような経験をしてからはね、色んな所で人々の取り扱われ方が、気になり出したんだ。注意して見ていると、「白人用」、「黒人用」と区別されていないで、一緒にサービスを受けるようになっている所では、程度の差はあっても、どこでも大抵、白人は速く、丁寧に、あいそうよく対応され、黒人は遅く、ぞんざいに扱われていることが分かってきたさ。

名前を呼ぶときも、よっぽど親しい間柄でないときには、白人にはラストネームにミスターとかミセス、ミズなどを必ずつけるのに、黒人はすべてファーストネームで、敬称は

ぜったいにつけないんだ。色が黒いというだけで、そこらの白人よりずっと品のある感じの、身なりのきちんとした人でも、「おじさん」とか「おばさん」と呼ぶし、若い女の人は「ねえちゃん」と呼ぶんだ。

コトンタウンの町にはスーパーは十店ほどあったので、おじいちゃんはたいして買うものはなかったんだけど、色々な店に行ってみたんだ。どこでも、レジで白人はどんどん進むのに、黒人はなかなか進まないのが分かった。白人は堂々と押しのけて進み、黒人は何となくもじもじしている。

だけど、いくつかの店に行っているうちにね、一つだけ、黒人が白人と全く同じに扱われているように見える店があるのに気づいたんだ。規模や品揃えの点では、トップクラスとは言えないとしても、中くらいのところで、客はほかの店よりはるかに黒人の割合が多く、混んでいるようだった。

話し合っている黒人たちにそれとなく耳を傾けると、客に対する平等な取り扱いのために、黒人に最も評判のよい店らしかった。レジの順番は、白人も黒人も全く等しく並んだ順で、客に対する店員の態度にも、差別感は全然感じられなかった。店は家族や親戚の人たちだけでやっているようだった。黒人たちは、他の店で見るのとは違って、生き生きとして陽気にふるまっていた。

だけど、同じ白人のやっている店なのに、どうして他の店とあんなに感じが違うんだろう？　おじいちゃんはそれまで、店の経営者が何系のアメリカ人かなど、考えたこともなかった。だけど、ごく大ざっぱに、白人の店、黒人の店、中国人の店があることは、自然に分かった。だけど、白人の店の中にも区別があることなど、想像したこともなかったんだ。

　帰ってから、ハインズ夫人に何と言って聞いたらよいか迷ったけど、結局、「○○の店は混んでいますね」とさりげなく言ってみた。だけど、夫人の顔つきはそれだけで硬直したんだ。黒人が多いですねって言いたかったのを、我慢したのにさ。

「あなたは、あそこの店に行って来たの？　あそこのオーナーはユダヤ人よ。オーナーだけでなく、レジも掃除係もみんなね。家族っていうか、一族っていうか主人も奥さんもみんなで店に出てやっているのよ。ほかのまともな店じゃ、主人や奥さんがレジに立って働くことなんかしないわ」

　と夫人は言った。

　デルタの白人が、肉体労働を極度に軽蔑することを知ったのは、もう少し後になってからだけどね。これも奴隷制度を背景にもった地域の特別な感情なのかも知れないよ。

「あの店は、白人もクロンボも区別なくて、ごちゃごちゃしてるでしょう。わたしはあそこの店には行かないことにしているの。ちゃんとした白人なら、誰もあの店には行かないわ。あそこで買う白人は、みんな下層の白人よ。大体、白人なんて言っているけど、ユダヤ人自身が、民族的には下層の人たちでしょう。あなたもあんな店には行かない方がいいわ。いくらもちゃんとした店があるんですから。白人は白人として、ちゃんと扱ってくれる店に行くべきよ。あなたはもちろん白人待遇なんですからね」

おじいちゃんは無駄な抵抗はやめて、黙ってうなずいていたよ。だけど、それはもちろん、彼女の言ったことに納得したうなずきじゃなくて、ホスト・ファミリーに対する最小限の敬意のしるしとしてだったけどね。

五

ハインズ家では、黒人女性を二人雇っていたんだ。コトンタウンの、このくらいの階層の家では、それが普通のようだった。一人はベティという中年の女性で、毎日朝早く来て、ときどき家に帰るけれども、働く時間が長くて、料理や洗濯、後片付けなどたくさんの仕事をした。もう一人は、メアリーという高校生のパート・タイマーで、平日の放課後に来て、夕食ごろまでに掃除や皿洗いなどをして帰った。土日は来る時も来ない時もあり、別契約らしかった。

実のところ、おじいちゃんは白人ばかりでなく、黒人とも仲良くして色々のことを知りたいと思っていた。それで、空港からの車の中で、黒人が二人働きに来ていると聞いて内心喜んだ。だけど、ハインズ夫妻は、家に着くとすぐ彼女たちに紹介したあとで、どちらの黒人とも話をしないように、親しくしないようにと注意したんだ。

「あなたとは全く違う人たちなのです。そのことを忘れないでね。対等の態度をしてはいけません。あの人たちには、あくまでも使用人として、ただ仕事をさせるだけでよいのです。それだけのお金は与えているのですからね」

おじいちゃんはその日、学校が早く終わって午後早くに帰った。ハインズ夫人が出かけて遅くなるからと言っていた日だった。おじいちゃんは鍵を貰っており、表玄関から出入りしていた。黒人たちの出入りは、もちろん裏口からだった。

このあたりの白人たちは、表玄関よりも裏口の戸締りの方を気にかけるという。ちょっと外出する時など、裏口だけ施錠して、表玄関はそのままにすることがよくあると言う。黒人が白人の家の表玄関を出入りすることなど、あり得ないのだ。もし見られたら、もうそれだけで犯罪なのだから。そして、白人が他人の家に侵入するなんて、信じたくないのだ。

誰かがキッチンで仕事をしているようだった。いつもはハインズ夫人にだけ挨拶をして、すぐ二階に上がるのだけど、今日は声をかけて行こうと思ってキッチンをのぞくと、メアリーが皿洗いをしていた。黒人学校はたいてい白人学校より早く終わるのだ。それに、学期も短くて、休みも長い。農場の仕事でも、家庭の雑用でも、白人が安い労働力を得られるように、昔からそうなっているのだそうだ。ベティはちょうど家に帰っている時間だった。もう少ししたら、夕食の支度にまた戻ってくるのだろう。

おじいちゃんが「こんにちは」と言うと、メアリーはびっくりしたように振り向いて微笑んだけど、そのまま皿洗いを続けた。おじいちゃんは二階の自分の部屋に入って、しばらくベッドの上に横になって、ラジオの音楽に耳を傾けた。ニューオーリンズから流れてくる「ルイジアナ・ママ」のようだった。階下からは、掃除機をかける音が聞こえていた。

十分ほど休んでからおじいちゃんは、数学の教科書とワークブックを開いて、いくつかの問題をピックアップし始めたんだ。いばるわけじゃないけど、おじいちゃんにとってはごく易しい問題さ。アメリカに来て、日本の数学のレベルの高いのにはびっくりしたよ。おじいちゃんは、日本の高校では、数学はそんなに出来なかったんだ。もちろん上位ではあったけれど、おじいちゃんより出来るのは何人もいたんだ。英語や地理のように、断然出来たわけじゃないんだ。

それが、ここの高校のクラスでは、いつも最高点なのさ。もちろん、英語の力や、発表力を必要とするほかの科目じゃ、到底みんなに太刀打ち出来なかったけど、数学に限らず、物理や化学に出てくる計算では、おじいちゃんにかなう者はいないんだ。それで、クラスの数学の出来ない者たち数人にどうしてもと頼まれて、少し前から週二回、夕食後に二時間くらい、友人の家で数学の勉強をみてやっていたんだ。それに使う問題さ。

いつもハインズ夫人が、コーヒーを入れてくれるくらいの時間になったので、おじいちゃんは下へ降りて行った。メアリーはまだ掃除を続けていた。キッチンでちょっとうろうろしていると、メアリーは気がついたのか、掃除の手を休めて、

「いま、コーヒー入れるわ」

と言った。おじいちゃんは、

「いや、ぼくは自分で入れるからいいよ。掃除を続けて」

と言って、自分ではあまり入れたことのないコーヒーをなんとか二つ作って、居間に持って行った。メアリーは応接間を掃除していた。

「メアリー、きみの分もコーヒーが入ったよ。ちょっと休んで、こっちへ来て飲みなよ」

「えっ、わたしにも。まさか」

「どうして。きみの分も入れたよ」

「ここで、そんなことしてもらったことなんてないわ。わたし、叱られるわ。あなたとは話もしないように言われてるんだから」

「夫人は居ないから大丈夫だよ。ちょっとここで休んで飲んだらいいよ」

「でも、私たちは白人と一緒に飲んだり食べたりは出来ないのよ」

「ぼくは白人じゃないよ。有色人種だから、大丈夫さ。それに、黒人が白人と席を同じくしたら駄目だなんて、馬鹿みたい。いまは白人の家に泊まって、白人の高校に通ってるから、うわべはそれに従ってるけど、心の中では、絶対にそんなこと許していないよ」

メアリーは立ったまま、黙って下を向いていた。だが、やがて、

「それじゃ、折角だから、わたし、キッチンでいただくわ」

と言って、カップを持ってキッチンへ向かった。

「じゃ、ぼくもキッチンへ行くよ」

とおじいちゃんも、メアリーのあとに続いた。

何百年も続いているという、南部の厳しい決まりに逆らって、異人種が向かい合ってコーヒーを飲んだ。アジア人のおじいちゃんは、黒人と向かい合って飲んでいることに、全然違和感はなかった。ただ、折角好意でおいてくれているのに、ハインズ夫妻のいないところで、彼らの最も望まないことをしているという、とがめの意識だけだったんだ。だけど、メアリーは、なんとも落ち着かないようだったよ。小さいときからずーっと、厳しく禁止されていることだったからね。おじいちゃんは、何か話をしなければならない

と思った。その時、彼女は黒人高校の校長が推薦してよこしたので雇ったと、ハインズ夫人が言っていたのを思い出したんだ。

「きみはとても優秀なんだってね」

「いいえ。そんなことないわ。私たちの学校は、白人高校と違って、レベルが低いから」

「でも、校長が推薦してよこしたって聞いたよ」

「一応一番なのは確かなの。でも黒人高校で一番だって、知れてるわ」

「でも、日本にいるとき聞いた話では、黒人は劣っている者は確かに多いけど、少数の優れた者は、とても優秀なそうだからね。ここらの南部白人の人たちは、絶対にそんなことは言わないと思うけどさ。あ、そう、そう。実は今日、数学のよく分からない友達に教えてやることになっていてね。それで、さっき作った問題があるから、よかったらやってごらんよ。きみも三年だったよね」

「そう。でも、出来ないわ。白人高校でやってる問題なんか、出来るわけがないもの。いやだわ」

「残念だね。出来るんじゃないかな、一番だったら。これは内緒だけど、本当のこと教えてやるとね、ここの白人高校の数学のレベルはね、日本の僕のいた高校のレベルより、ずっと低いんだよ」

「そうなの？」

と言って、彼女は微笑んでいた。不愉快な感じではないようだった。白人高校のレベルのことなんか、考えたこともなかったのだ。

白人は何ごとでも、黒人なんかより優れていて当然だろう。高校だって、もちろんそうだろう。彼女はちょっと問題を見てみたいと思った。やってみて出来なくても、どうせもともとじゃないか。そして、この日本人の学生には、私をさげすもうとしている様子は全くみえないし。こんなチャンスは、めったにないことだ。やろう、やってみよう。

「私やってみるわ。どうせ、出来ないと思うけど。だけど、掃除がまだ残ってますから、それが終わってからにします」

「掃除はぼくが代わりにやってやるよ。いま問題持って来るからね」

二階からさっき作った問題と筆記用具を持って来て、彼女に手渡した。

「ハインズ夫人は今日は遅いと言っていたけど、ベティが来ないうちにね。応接間は、僕がさっと掃除機をかけておくから、きみがあとでちょっと見てね」

メアリーはその問題を受け取ると、ちょっとの間少し緊張した面持ちでじっと見つめていたけど、最後までざっと目を通すと、そこにまだ立っていたおじいちゃんを見上げて、にっこりと微笑んだんだ。

「それじゃ、これから四十分ね。始め」

応接間の掃除を終えるのに三十分はかからなかったけど、彼女が気にしないように、四十分たってからキッチンに戻った。彼女はすでに書き終えて、紙を両手で持って見つめていた。

「終わった?」

「ええ、どうにか」

「じゃ、見せて。点をつけてみるよ」

「それじゃ、私、応接間に行って来ます」

と言って、彼女は立ち去った。

始める前の彼女の笑顔で予想したように、答えは全問正解だった。やっぱりだ。おじいちゃんは驚かなかった。早速その紙を持って応接間へ行った。彼女は家具を何かでふいていた。

「すごいよ、きみは。満点だよ。きみは白人高校に来たって、数学は三番以内になれるんだ。ほかの科目だって、そうだと思うよ」

「ほんとう? 信じられないわ。勉強は好きなんです。でも、黒人の中だから出来るんだって考えていたわ。白人とくらべてなんか、考えたこともなかったわ。何ごとでも白人とくらべたら問題にならないと、習慣付けられて来たから」

「いや、いや、すごい。誰も信じなくても、ぼくは信ずるよ。きみは優秀だよ。絶対に大学に行かなくっちゃね。白人大学に行けないのは、全く残念だね。北部や西部の大学に行くには、お金がかかかるしね」

「ええ。でも、ミシシッピ州の黒人大学でも、白人大学に負けないレベルの所がひとつだけあるのよ。州都のジャクソンの近くにある、私立のトゥガルー大学よ。出来たらそこに行きたいの。でも、そこの卒業生は、優秀なだけかえって、ミシシッピ州の中では就職しにくいって聞いたわ」

「それはどういうことなの?」

「トゥガルーに入ると、白人からにらまれるの。生意気だって。ごまかしじゃなくって、真実を学ぶことになるからだって。先生方は、ほとんど優秀な白人らしいけど、北部の白人で、南部の白人の非道がよく分かるんだって。だから、デルタの教育委員会では、トゥガルーの卒業生は、黒人学校の教員としても、絶対に採用しないことにしてるんだって」

「へえー、そういうことがあるの?」

「ええ。でも、私は北部や西部の大学にはとても行けないから、どうしてもトゥガルーに行きたいの」

「頑張って行きなよ」

「ええ、頑張るわ。今日は本当にどうも有り難う」

「どういたしまして。あしたからまた知らないふりしていようね」

メアリーは急いでコーヒーの後片付けをし始めた。やがて、ベティが裏口から入る音がして、おじいちゃんは急いで二階に上がったんだ。黒人にだって、こういうことを知られるのは、危険なことだったからね。

あの頃、日本の新聞でも大きく取り上げられていた、ミシシッピ大学の黒人入学拒否の大事件が起こったのは、メアリーと話した日のすぐ後のことだったんだ。このことについては、後でまた話すからね。

六

二ヶ月ほどこの町で生活するうちに、白人、黒人の大体の生活様式は理解出来るようになったんだ。学校、ホテル、モテル、レストラン、トイレなどのように、完全に白黒が分離されているものと、郵便局、銀行や、スーパーをはじめとする色々な店のように、入り口やサービスを受ける場所は同じだけど、順番やサービスの質の点で、差別感を与えるものがあることがね。

自分が黒人であって、ここで暮らすとしたら、相当な屈辱を感ずるだろうな、とおじいちゃんは思ったよ。白人の使用人としての黒人とは、日常接する機会は多くあったけど、わずかだけど存在するはずの、上層の黒人と接する機会は全くなかった。身分の高い黒人は、どのような思いで生活しているのだろうと考えると、今このあたりで激しく闘われている、公民権闘争の正当性を感じたよ。だけど、そのことはもちろん内心に秘めてね。ハインズ夫妻の前では、いっぱしの白人らしく振る舞っていたんだ。

長く続いた美しい秋の期間が終わって十二月に入ると、いかに南部とは言っても、さすがに寒くなった。ハインズ家はもちろん、学校やその他のすべての施設も、エアコンが完備していたので、寒いと感ずることもなかった。だけど、寒さが雪と常に結びついていた北海道の冬のイメージに慣れていたおじいちゃんにとっては、雪のない寒さは現実味がなかったんだ。

そんなわけで、暖かい部屋から、薄着のまま外へ出たりして、かえって風邪を引いてしまった。熱は三八度くらいで、それほどのこともなかったけど、その日学校を休んで寝ていると、ハインズ夫人は心配して、かかりつけのクリニックの医者に電話をして、車で連れて行ってくれた。

病院にも、白人専門の病院、黒人専門の病院、黒人をも診る白人病院があるようだったけど、コトンタウンの町には黒人専門の病院はなかった。だから黒人が、黒人の医者に親身になって診てもらいたいと思う場合には、どうしても車で一時間以上かけて、グリーンヴィルか、マウンド・バイユーまで行かなければならなかったんだ。

何も好き好んで、時間と金をかけてまで、遠い黒人病院に診てもらいに行きたいと、彼らが考えているわけではないようだった。「白人の医者は、クロンボの患者には不親切だからね。ろくに診てくれないんだよ。金ばっかり取ってね」と高校の黒人の用務員のおじさんがこぼすのを聞いたことがあったんだ。それで、黒人をも診るというそこのクリニックに行くのは、おじいちゃんにとっては興味のあることだったよ。

ハインズ夫人が連れて行ってくれたクリニックは、日本の個人病院のような感じの所だった。門を入った正面の入り口には、「ホワイト」と大きく書かれていたけど、「ブラック」という掲示はどこにも見あたらなかった。そのまま自然に入った待合室は、全く白人だけだった。みんなハインズ夫人と知り合いらしく、親しげに挨拶を交わして、事情を知ると、おじいちゃんにも、なにやら見舞いの言葉をかけてきた。

みんなに丁寧に挨拶されておじいちゃんは、南部白人が同等またはそれ以上の人たちに対して示すという、いわゆる、「サザン・ホスピタリティ」を実感出来たし、ハインズ家のこの町における地位の高さを、改めて感じたんだ。

患者の診察が次々と進み、最後におじいちゃんの名が呼ばれて、診察室へ入った。ハインズ夫人が一緒に入って、医者に何か色々と話してくれたので、おじいちゃんはホットしたよ。日本を発つとき、アメリカで病院にかかるのは大変だから、気をつけなよ、と言われていたからね。医者は聴診、打診、口の中はもちろん、ベッドに寝かせたり、足を触ったり、目を見たり、日本の普通の医者よりずっと丁寧に診てくれた。

診察が終わり、やっと緊張から開放されて、おじいちゃんは、看護婦の注射を待っているあいだ、改めて診察室を眺めまわした。日本の普通の個人病院の診察室よりも、大分広い感じだった。日本の普通の家の茶の間よりも、アメリカの普通の家の居間が、ゆったりと、広い感じがするのと同様、ここの診察室もそのような感じだった。

もう一人の看護婦が、待合室で待っていたハインズ夫人を連れて来ると、医者は笑いながら彼女に何やら話していた。終わると、彼女は医者に礼を言い、おじいちゃんに「何でもないようよ。薬を飲んで、今日一日寝ていると治るって。待合室で待っていますからね」と言って出て行った。患者はおじいちゃんで終わりのようだった。

だけど看護婦は、廊下の待合室と反対側の方を向いて、次の患者を呼んだ。呼び方が、何となく荒っぽく、怒っているように聞こえた。ファースト・ネームだけだと気づいた。さっきまでは、ラスト・ネームに敬称がついていたのに。黒人の若い女が幼女を連れて、反対の方から現れ、おじいちゃんのいる診察室の向かい側の、狭い、暗い部屋に入り、こちらの方を向いて立っていた。

医者は座っている椅子を動かずに、黒人女と何やら話をした。ハインズ夫人やおじいちゃんへの話し方とは大違いの、さっきの看護婦の呼び方と似た調子だった。幼女の具合が悪いのだと言っているように見えた。せきをし、はなを出し、顔ははれたような感じで、おじいちゃんが見ても、すごく具合が悪そうだった。

だけど、医者はこっちの部屋の椅子に座ったまま、カルテに何か書いていた。その患者はそれで終わったようで、向かいの部屋を出て行った。おじいちゃんが注射をし、服装を整えているあいだに、次の黒人患者の診察も、前と同じようにして終わっていた。

医者と看護婦に礼を言って廊下に出て、前の狭い部屋の表示を見ると、「ブラック」と書かれていた。振り返って今自分がいた診察室を見ると、「ホワイト」と書かれていた。廊下のもっと先へ行って、黒人用の待合室や出入り口を見てみたいと思って、そっちの方に足を向けると、ハインズ夫人が反対側から現れて、

「あら、終わったのね。そっちはだめ、だめ。クロンボの方よ。たいしたことなくて、よかったわね。さあ、帰りましょう」

と言ったので、仕方なく従った。

建物の後ろを振り向くと、さっきの黒人の母子が、裏側からこっちに歩いて来るのが見えた。自分の風邪のことよりも、さっき見た医者と看護婦の黒人患者への接し方で、おじいちゃんは頭が一杯になって、沈黙していた。話したいのは、そのことだった。だけど、ハインズ夫人にそのことを話すべきでないことは、ここで暮らしてもう二ヶ月たった現在では、分かり過ぎるほど分かっていた。用務員のおじさんが言っていたのは、このことだったのだ。これなら、お金と時間の都合のつく黒人なら、誰でも黒人病院にかかりたいのは、当然のことだろう、と思ったよ。

おじいちゃんが黙り込んでいるのに気づいて、ハインズ夫人は、

「まだ具合が悪いんでしょう？　注射をして貰ったし、薬を飲んで寝ていれば、じきによくなるわよ。明日は学校へ行けるでしょう。ドラッグ・ストアで、薬を貰って帰りましょうね」

と言った。

「ええ。もう大分よくなったんですよ。親切なお医者さんですね。看護婦さんもよい人でよかったです」

「あの人たちは誰にでも親切なのよ。でも、うちには特別かもしれないわ。もっと悪かったら、当然往診してくれたわ。夫とは、中学も高校も同期だったのよ。大学では夫は

経済で、あの人は医学部だったから、別れたけどね。私たちみんなオール・ミス（ミシシッピ大学）の卒業生なの。ここらに住んでる上のクラスの人たちはみんなそうなのよ。クロンボがあの大学に入るなんて耐えられないわ」

ドラッグ・ストアでは、ハインズ夫人だけが降りて、調剤してもらいに行った。そのあいだ、おじいちゃんは車の中で、医者と看護婦の、自分と黒人の母子に対する態度の違いを思い浮かべて、南部白人の「ホスピタリティ」の実情を考えていたんだ。特にハインズ夫人の「誰にでも」という言葉に引っかかっていた。所詮、黒人はいまだに人間じゃないんだとね。あの人たちにとってはね。

しかしね、こんな差別的な診療でも、病院に行ける黒人は、いくらかの金を持っているか、工面してもらえる、恵まれた少数者なのだと知ったのは、もう少し後のことだった。大半の黒人は貧しすぎて、病気になったって、病院に行くなどという贅沢なことは、とても考えられなかったんだ。

七

その頃は南部のいたるところで、白人による黒人教会の爆破や、黒人のリンチ事件が相次いで発生していた。教会が、黒人の公民権活動の中心的な場所だったから、白人がそこを狙って抵抗したのは、当然のことだったし、一旦、活動家とにらまれたら、その者たちの命は常に狙われていた。こうして、表面から直接的に黒人にダメージを与える行為は、主として、きみももうよく知っているように、ＫＫＫ団（クー・クラックス・クラン）によって行なわれたんだ。

ＫＫＫ団についてはおじいちゃんも、すでに日本にいるときから、新聞やテレビなどでよく知っていたよ。だから、日本を発つ前にも、みんなからＫＫＫには注意するようにと、くどく言われた。黒人や有色人種、ユダヤ人、カトリック教徒などを標的にしてるのだから、当然日本人もその中に含まれるだろうと思われたのさ。

だけど、こっちに来てみたらさ、今の彼らの標的は、人種を問わず、黒人の公民権活動を手助けする人間だけだと分かってきたんだ。だから、ハインズ夫妻も、黒人とは絶対に親しくしないようにと、最初にきつく注意したのさ。たとえ、話をしなければならないときでも、ごく事務的に、手短に切り上げるように、感情を交えないで、命令的に言い切るようにと言ったんだ。黒人と親しげに話をする人は、ＫＫＫの人たちが見たら、要注意人物なのだからね、ともね。

「白人市民会議」というものがあることは、こっちに来てから知ったんだ。新聞その他の書き物や掲示に、よくその名が出ていたからね。だけど、その名前はごく穏当なものだったし、特におじいちゃんの注意を引くこともなかった。おじいちゃんにとって恐ろしいのは、ただ、KKK団だけだった。だから、時折町で黒人と話すときには、常にそのことを意識していた。ふだんはもちろん、あんな白いシーツのようなものを被らずに、普通の格好で歩いてるんだからね。

ある晩遅く、例の数学を教えに友達の家を訪ねた帰りに、ダウンタウンを通った。腹が減ったな、と思いながら歩いていると、ちょうどこの町に一軒だけあるイタリアン・レストランの前に来ていた。「ホワイト・オンリー」と書かれていたけど、もうおじいちゃんは、その表示のどこにでも入れることは分かっていたので、ためらうこともなく、ドアを開けて入った。

店はアメリカにしてはごく狭く、カウンターのほかにテーブルが二、三個あるだけで、客は若い男女が一組だけだった。中年のイタリア人夫婦だけでやっているようで、二人の会話は、日本で見た「にがい米」や、「自転車泥棒」の映画の響きに似ていて、心地よかった。日本語に似た子音と母音のつながり方が、意味は分からないのだけど、英語より軽快に耳に入ってきた。おじいちゃんはカウンターに腰掛けて、スパゲッティを注文した。

やがて、若いカップルが出て行くと、奥さんらしいウエートレスは、閉店の掲示を出し

た。もう十時を過ぎていた。そうか、十時までだったのか、と気づいておじいちゃんは、

「すみません。遅く来て」

と謝まった。

「いえ、いえ、何んにも。来てもらった方が嬉しいのよ」

と彼女は言った。丁度マスターが、キッチンからスパゲッティの皿を持って来て、彼女に渡しながら、

「これで終わりだな」

と言った。

「そうね」

と奥さんは、おじいちゃんの前に皿を置いた。

おじいちゃんは、もう一度マスターにも、

「遅く来て、すみませんでしたね」

と言った。マスターは、

「何も、何も。来てくれて、有り難う」

と言い、

「あんたは初めてだね。どこから来たの?」

と聞いた。中国人？って言われなかったのは、初めてだったよ。

「日本からです。ここの高校三年に、一年間留学してるんです」

「ああ、そう？　日本からかい？　珍しいね。この店に日本人が来たのは、初めてでないかな。ここらにいるアジア人は、みんな中国人だからね。日本人と聞くと、他人のような気がしないんだよ。我々の年代の者にはね。第二次世界大戦を、一緒に戦った仲間だからね。私は戦争には行かなかったけど、少し上の人たちは、アメリカを敵にして戦ったんだよ」

「ああ、そうだったんですね。歴史で習いました。日独伊三国同盟でしたよね。両親や祖父母からもよく聞きましたから、ぼくもイタリア人は、他人とは思えません。南部に多いという、アングロサクソン系の人には悪いですけど。それに、眼も髪も黒いし、親近感を覚えるんです。日本で『にがい米』や『自転車泥棒』などと言う、イタリア映画の傑作を観て、感激したんですよ」

「そう？　なんだか我々よりも、イタリアのことを知っているようだね」

おじいちゃんは親近感をおぼえて、ここの白人にはこれまで口にしたこともなかったことを言った。

「ここは今、人種問題で荒れているんですね。ここのレストランも黒人は入られないんでしょう？　歯医者さんや校長先生でも」

「そう、そうなんだよ。我々より、よっぽど優れた人でもね。色々と考えることはあるけど、ここで暮らす限りは、それを守らなくちゃね」

「色々な場所に、アメリカのために戦った、黒人の牧師さんや校長先生が入られないのに、真珠湾を攻撃した日本人が入れるなんて、何だか悪い気がするんですよ」

「そうかい？　我々だって、そういうことを考えないわけじゃないんだよ。黒人に対しては白人ってことになるけど、白人の中だって色々なんだよ。考え方はね。

あんたは日本人だから、ほかの白人にはちょっと言えない本当のことを言うとね、我々イタリア人は、アングロ・サクソン主流のこのデルタでは、ほんのはじっこにいるんだよ。主流の人たちはみんなプロテスタントなのに、我々はカトリックだし、あんたがさっき言ったように、髪も眼も黒いし、それに、スペイン人もそうだけど、皮膚の色もちょっと黒いしね。

ただ、白と黒と二つに分けたら、白なんだよ。そして、主流の白人の言うことを聞いてるだけさ。その方が得だからね。ここでは、白人だっていうだけで、上の三分の一に入れるんだからね。おかしいと思うこともあるよ。ところで、あんたはどこに住んでるの？」

「ハインズさんの所です。デルタ銀行の」

「へえ？　あの頭取のかい？　驚いたね。私が話したこと、言わないでおいてよ」

「もちろんです。三国同盟を守ってね。だけど、どうしてそんなに驚くんですか？　あなただけでなくて、居所を聞いた人はみんな、ハインズさんの所というと、びっくりする感じみたいだけど、どうしてなんですか？

　頭取だから、もちろん、この町での地位が高いことは分かるけれど、ぼくには黒人の歯医者さんや校長先生とあまり変わらないと思うんだけど。もちろんあなたともね。」

「いや、いや、今のこの町では、大違いなんだよ。それに……」

とマスターは言いかけてやめ、奥さんの顔をみつめた。

奥さんは渋い顔をして、

「いい加減にしておきなさいよ、あんた」

と言って、ちょっとにらんでいたけど、結局、

「でも、この日本人の若者なら大丈夫だわ。全くの部外者だし、三国同盟があるからね」

と言った。近くの関係者には話されないけれど、全く関係のない、遠くの誰かには話したい心理ってあるだろうさ。あの感じだったよ。

マスターは奥さんの許可をもらって安心したように、話し出したんだ。

「それじゃ言うけどね。これは絶対私から聞いたと言ったら駄目だよ」

「はい。絶対言いません。もし約束を破ったと分かったら、ＫＫＫ団に売ってもいいです」

マスターは満面に笑みを浮かべて言った。

「ＫＫＫにやられそうなのは、我々の方なんだよ。彼らの嫌いなカトリックなんだからね。ユダヤ人の次くらいに狙われるんだ。恐らくアジア人以上じゃないかな。

アジア人は、ここではあまり、標的にならないんだよ。カリフォルニアなどと違ってね。日本人はここにはほとんど居ないし中国人は大分居るけど、彼らはその点については、すごく気をつけて暮らしているからね、憎まれないように。白人からも、黒人からもね。賢明な人たちだよ、彼らは。三国同盟の敵だったけどね。そうそう、さっき言いかけたことだけどね……」

とマスターは言いかけて、また止めた。奥さんは笑っていた。

「そんなに言いにくいことなんですか？　じゃ、いいですよ。悪いですから」

「いや、教えてあげるよ。誰かに話したい気持ちはあるのさ。だけど、ここらでは話しなれていないのでね。あんたはＫＫＫのことは、よく知ってるよね」

「ええ。それは日本でもすごく有名でしたから、もちろん僕も知っています。まだその実物は見たことはありませんけど。あの白い頭巾を被った姿を見たら、ぞっとするでしょうね」

「そうだね。そのうち見れるだろうさ。だけど、あの白頭巾をかぶる前の姿は、あんたは恐らくこの町で、もう何人も見ている筈だよ。誰があれを被るのかを、あんたはまだ知らないだけなんだよ。

だから、あんたも学校などで、人種とか公民権などの問題については、絶対に口にしないようにするんだよ。KKKの子供だって親戚だって、みんなあの学校には入っているんだからね。学校が安全とは言えないんだ。その点、中国人は非常に利口なんだよ。このデルタで生き延びるための生活の知恵みたいなものを、十分会得している感じだね。厳しい坂を乗り越えて、いまの地位を獲得したんだからね」

「分かりました。よく気をつけます」

「ところで、さっきの話に戻るけど、KKKのことはさておいて、あんたは白人市民会議ってのは知ってるかね」

「ええ。その言葉は知っています。日本では全然聞いたことはなかったのですが、ここへ来てから、新聞や色々な書き物などで眼にしています。だけど、何かのグループだろうというくらいにしか分かりません」

「そうかい。あれはね……」

ともう一度言い渋ってから、

「ここで暮らしている者なら誰でも知ってることなんだけど、明白に、クロンボ抑圧のためのグループなんだよ」

「へえー。そうなんですか?」

「そう。一九五四年に最高裁が、白黒分離教育は合衆国憲法違反だという判決を出したのは、あんたも知ってるだろう?」

「ええ、知ってます。日本で、歴史か社会かの授業で習ったことがあります」

「白人市民会議ってのはね、その判決に反対して、クロンボを抑圧して、白人絶対優位を維持するために、このコトンタウンの町で結成されたんだよ。それがいまやミシシッピ中に、いや、南部中に広まっているのさ。このデルタは、早い話が、人種差別の権化の場所なんだよ」

「そうですか? それで、どのようにして、黒人を抑圧してるんですか? 白人市民会議の名前で出されている色々な書き物などは、難しすぎて僕には何だかよく理解出来ないのですが。それはKKKのやり方と、どのように違うのですか? ちょっと見たところでは、あまり暴力的な印象は受けませんが」

「そう。その暴力的な印象を与えないというのが、このグループの主眼なんだよ。だけど、目指すところは、ＫＫＫと同じく、クロンボ抑圧の一点なんだよ。一見そのように見えないだけ、かえって悪質かもしれないよ。ＫＫＫは、直接暴力的にクロンボをいじめるのだけど、市民会議は経済的に圧迫するのさ。

ＫＫＫに属しているのが、この町の白人の下半分なのに対して、市民会議のメンバーは、上半分なんだ。彼らはＫＫＫを表面的には批判していながら、やっていることは、それ以上のことかも知れないよ」

「全く驚きですね。じゃ、実際どのようにしてやるんですか、経済的に圧迫するって」

「公民権運動を積極的にやっているクロンボたちは、例えば、白人に雇われている者であれば、辞めさせるとか、クロンボの住宅地で小さな店をやっている者には、品物をおろしてやらないとかするのさ。市民会議のメンバーは社長とか、所長とか、とにかく地位の高い人が多いからね。したいことは何でも出来るんだよ。

クロンボたちは職についていてさえ、経済的にぎりぎりの生活をしてるんだから、辞めさせられたり、店をやっていけなくなったら、すぐお手上げさ。だから、よっぽど覚悟を決めた人間でないと、表立っては中々活動出来ないんだよ。それに、市民会議のメンバーたちは、色々な情報網を使って、クロンボの活動状況をキャッチしてるからね」

「それで、僕のとこのハインズさんは、それと関係があるんですか?」

「関係があるどころじゃないんだよ。この町の最重要メンバーの一人なのさ」

「へえー、そうなんですか?」

「そうだよ。でも、これを聞いたからって、あんたがハインズさんを、特別こわがることはないいんだよ。だってこの町の、いや、このデルタ中の地位の高い、金持ちの人たちは、ほとんどメンバーなんだからね。とにかく、あの人たちは、力を結集して、これまでの白人絶対優位の世界を、守り抜きたいんだよ。


ＫＫＫのやつらが、クロンボをリンチしてるのを、冷ややかに眺めながら、心の中ではもっとやれ、もっとやれと手をたたいているんだよ。クロンボを虐待してるのは、下層の白人なのだと見せかけながら、もっと卑劣な手段を使って、クロンボの地位の向上をはばもうとしているのさ」

「全然知らなかったですよ。そんなこと」

「でも、ハインズ夫妻は、クロンボと交際しないように、とは言ったろうさ」

「ええ。それはくどく言われました。黒人と親しくしないようにとばかりでなく、親切にもしてやらないようにと言われて、すごくショックでした」

「ハインズさんは、よくカントリー・クラブに行くだろう?」

「ええ。よく行くようです。そして、遅く帰って来ます」

「あそこでは、いつもではないにしても、市民会議の相談をしているんだよ。ＫＫＫの方の相談は、玉突き場らしいな。私はどっちにも関係ないけどね。どっちにも全く関係してない人なんて、この町じゃ案外少ないんじゃないかな。我々のほかは、ユダヤ人や、中国人や、あと僅かじゃないかな。はっきり分からないけどね。

どっちにも関係してないってことは、どっちからも仲間はずれにされてるってことでもあるんだよ。こういうことは、危険だから誰もはっきりは人に言わないんだよ。よっぽど親しい仲でないとね」

「色々と教えてもらいまして、為になりました。ぼくがハインズさんのところに居ると言うと、白人の人も黒人の人も一様に、驚いた表情をするのは、そのためだったのですね。ただ、この町でのステイタスが高いというだけじゃなくて。本当にどうも有り難うございました。あなたに聞いたとは、絶対に言いませんから、安心して下さい」

「ああ、信用しているよ。ここにいる間はね、人種や民族については、よくよく注意するんだよ。町の中ばかりでなく、学校でもだよ。あんたの通っている白人高校には、市民会議のメンバーの子供も、ＫＫＫのメンバーの子供も、ユダヤ人やレバノン人の子供や中国人の子供も居るんだからね。

中国人は、さっきも言ったけど、その点では、非常に練れていると思うよ。最低のクロンボの地位から、長い年月をかけて、現在の白人の地位を獲得したんだからね。中々本音は言わないと思うけど、見習った方が、身のためだよ」

「よく分かりました。今晩はすごく勉強になりました。三国同盟が、ここで、こんなに役立つなんて、ムッソリーニに感謝しなくちゃ」

「よくそんな名前覚えてるね。いまどきの子が」

「ぼく歴史は好きなんです」

「ひまなとき、またお出でよ。元気でね」

「本当にどうも有り難うございました。ああ、もう十一時過ぎたんですね。随分お邪魔して、すみませんでした」

おじいちゃんは、二人に手を振って外へ出た。

八

イタリアン・レストランのマスターから色々なことを聞いてから、一週間ほどたった日の放課後、おじいちゃんの通っている高校で爆発事件があったんだ。

六十年代に入ってからは、デルタに限らず、ミシシッピ州の至るところで、多くの爆発事件が起こっていた。だけど、それらはね、ほとんどの場合、仕掛け人は常に白人で、標的は明白に黒人で、公民権活動家の住宅や、運動の集会所となっている教会などで起こっていたんだ。

だけど、今度の場合、この高校には黒人は用務員のおじさんと、掃除婦のおばさんの二人しか居なかったし、その爆発は彼らが普通いる用務員室とは逆の方角の、学生玄関近辺で起こったので、当初は、誰にとってもこの事件は意外な感じだった。

おじいちゃんの一年下の二年の女子学生が二人、放課後教室でしばらく話をしてから、帰宅のために連れ立って教室を出たそうだ。二人の家は少し離れていたけれど、どちらもダウンタウンの近くの白人住宅地にあって、いつも徒歩で登下校していたらしい。

玄関口までやって来たとき、一人の子がトイレに寄りたくなったので、バッグを廊下の壁に立てかけて、もう一人の子に、「ここに置いておくから、見ていてね」と言って、直ぐ前にあるトイレに入った。頼まれた子は、それを時々ちらりと見ながら、少し離れた所にある掲示板の張り紙を見ていたんだ。何人かの学生が、そのそばを通り過ぎて行ったけど、数分たって誰も居なくなり、もうそろそろ出てくる頃だなと思っていたとき、突然バッグが爆発したんだ。

「わー、助けて！」

と叫んで、その子はとっさにその場を離れたけど、煙が収まってみると、友達のバッグは粉々になって飛び散っていた。

幸い、至近距離には誰も居なかったので、怪我をした者はなかった。

「すごい音がしたね！」

と言ってトイレから出て来た友達は、彼女のバッグが爆発したことを知ると、待っていた子と手を取り合って、ただ呆然と立ちすくむだけだったんだ。

相当な爆発音だったので、すぐに校内から教職員や学生たちが集まって来た。図書室で雑誌を見ていたおじいちゃんも、その一人だった。校内には相当数の学生が残っていたからね。

やがて、警察官が二人やって来て、バッグの残骸やその辺りを調べていたけど、その後で、彼女たち二人は応接室に呼ばれて、校長の立ち会いの下で、警察官から色々のことを聞かれたそうだ。

とにかく、彼女の行動様式を熟知している誰かが、バッグの中に、爆弾を仕掛けたに違いなかった。爆発は、彼女の普通の日の行動パタンからすれば、学校を出て帰宅途中の筈だったから。家までは十五分ほどで、彼女は仲のよいその友達と、連れ立って帰ることが多かった。教室で話しに時間を費やさず、トイレに寄らなかったとすれば、当然彼女だけか、または、彼女とその親しい友達が、被害者となる筈だった。

外部からの者が教室に入って、彼女のバッグに爆弾を仕掛けることなどは、実際不可能だった。教職員や用務員たちにしても、そのことはほとんど同じだった。すべての学生の眼を避けて、それが出来るわけがなかった。とすれば、最も可能性のあるのは、この高校の学生自身ということになる。この間、イタリアン・レストランのマスターが言っていた、「学校には、白人市民会議やKKK団の子供も居るんだから、注意するんだよ」の言葉が、おじいちゃんの頭を横切ったんだ。

爆弾を仕掛けられた少女が、ユダヤ人のスーパーの娘であることは、直ぐに分かった。みんなひそひそ話をしていたからだ。また、彼女と親しい友達は、連邦政府の仕事を推進するために、その前の年にワシントンから移動して来た役人の娘だったんだ。犯人は、彼女たちの平素の行動パタンを熟知している人間であることは、明らかだったのさ。

第一の標的は、勿論そのユダヤ人の少女だったろう。だけど、彼女たちの行動パタンを熟知している者にとってはね、その親友も被害を受けて当然という意識があったことは、確かなんだよ。ユダヤ人の少女だけに被害を与えたいのだとしたら、犯人は当然、別の場所と時間帯を選んだ筈なんだからね。

この二人の少女に共通するものは何なんだろう、とおじいちゃんは考えたさ。ユダヤ人の少女の親の経営しているスーパーでは、黒人に対する取り扱いが好意的で、他のスーパーよりずっと黒人の評判がよくて、黒人客が多いんだ。前にも言ったようにね。

　このユダヤ人の経営者は、人道的に黒人に正しくしようとしているわけでなくて、ただ経済の問題に人種を持ち込まないということ、つまり、他の白人の経営者たちよりも、ユダヤ的な商法で、功利的だったのかも知れないんだ。だけど、その行為が、いつでも差別を感じている黒人たちに好感を与えたことは確かさ。

　憎しみの眼差《まなざ》しで見られて、白人客と厳しく差別されながら買わなければならない他のスーパーより、このユダヤ人の店に行きたくなるのは、黒人にとっては当然のことだったんだ。上流の白人から見れば客種《きゃくだね》が悪く、一見雑然としているように見えながら、このユダヤ人の店の収益が、相当なものであることは明らかで、他の白人の競争者たちからねたまれるのは、当然のことだったんでないかな。

　彼女の親友の親が、この町の白人たちに白い眼で見られていることも、明らかだった。ただ北部から移住してきた人たちをさえも、ここの南部白人たちは、曇りガラスで見るのが普通だった。それは、南北戦争直後からの伝統なんだ。それに加えてこの少女の親は、連邦政府の命令を聞こうとしないミシシッピ州の、その中でも特に頑迷な、デルタ地方の役人たちにその命令を徹底させるという役目を帯びて、やって来ている人だったんだからね。

この事件が、黒人の公民権運動に反対の立場にある白人たちによって計画されて、それに高校生が使われたものであることは、明らかだった。警察では、これを何とかして、クロンボがたくらんだ、白人への反撃としてこじつけようと努力したんだけど、うまくいかなかったようだ。

それで、次善の策として早急に、迷宮入りの難事件としての道を選んで、捜査を打ち切ったんだ。ＫＫＫの団員が多くいる警察官たちが、当然知っている犯人を、彼らの仲間からあげる筈もなかったのさ。

その日の夕食時、爆発事件のことは当然話題になったけど、ハインズ夫妻はあまり興奮しているようには見えなかったよ。おじいちゃんは、二人ともう、誰がやったのかは勿論、ここの白人から見て、やられるに値する被害者の家の素性も、十分知っているような気がした。

ハインズ氏はただ、

「学校でひどいことが起こったんだってね」

とだけ言って、あとはテレビを見ていた。

夫人の口調は、至極当然の事件のように響いた。

「ユダヤ人の店での、白黒差別なしの取り扱いのことは、クロンボには評判がいいようだけど、白人にはすごく不評なのよ。自分たちの品が下げられているようでね。そのことは、ここの白人の間では、もう誰でも知ってることだけど、もう一人の娘の親のことは、意外と知られてないの。だけど、知ってる人は、相当いる筈よ。

その娘の父親は、政府の関係機関で働いていて、母親もよく自分の車の助手席にクロンボの女を乗せて、ドライブしているそうよ。それじゃここでは目立つし、白人にはどうしたって『クロンボびいき』に映るじゃない？　それに、その母親はある白人に、知っているクロンボの娘のことを、『あの黒人の素敵なお嬢さん』と言ったそうなの。クロンボの女の子をよ！

『クロンボのいい姉さん』くらいにしておけばいいのに。そういう訳で、あの娘の両親は、相当数の白人から、よく思われてはいないらしいわ。だからユダヤ人の娘とペアで爆破されそうになったんじゃないの？

それに、その娘の親たちは、クロンボにミスターやミセス、ミスなどをつけて呼んでいるそうだしね。ここでは白人は、クロンボは医者だって、牧師だって、教員だって、ファースト・ネームで呼ぶ習慣なのにさ。あの人たちがクロンボをつけあがらせているんだよ。そう感じている白人は多いんじゃないの？

あなたもよくよく注意しなくちゃ駄目よ。学校でこんなことが起きるんだから。前にも言ったけど、クロンボと親しくしちゃ駄目よ。中国人とならいいんだけどね。だけど、白人地区に住んでいる中国人とだけよ。黒人地区に住んでいる中国人とは、仲良くしては駄目よ。もっとも、黒人地区に住んでいる中国人の子供は、白人高校には入っていないけどね」

「へえー？　中国人にも色々あるんですか？」

「そう。もとは中国人はみんな黒人地区に住んでいたのよ。だけど、中国人は矢張りクロンボとは違って、頭がいいし、すごく倹約で、勤勉なのよ。だから、だんだん認められて、白人地区に住めるようになったし、白人学校にも通えるようになったのよ。今でも商売は、黒人地区でやってる人が多いけど、生活はほとんど白人地区でやっているの。だけど、それは夫婦とも純粋な中国人の話でね、クロンボの女と結婚したり、同棲したりしている中国人やその子供たちは、今でも黒人地区に住んでいるし、学校もクロンボ学校なの。あなたの学校に入っているような中国人とは、交際してもいいのよ。勉強はよく出来るし、態度もいい子供たちでしょ。だけど、クロンボと混血の中国人とは、交際しないようにね」

「へえー？　知りませんでした。そういう人たちがいるなんて」

「いるのよ。ここには色んな人たちがいるの。何も中国人だけでなくてね。白人の中だって、千差万別なのよ」

「へえー？　そうなんですか？　白人は一種類。黒人も一種類。アジア人だけが、どちらでもない、曖昧な存在なのかと思っていたのですが」

とおじいちゃんは、この間イタリア人が話していたことは、知らないふりをして言った。

「白人の中にだって、アジア人の方がよっぽどまし……ごめんなさいね、こんな言い方をして……と思えるような人が、一杯いるのよ。南部にもとから住んでいる白人は、アングロ・サクソンが大部分で、民族的には一番上のクラスなのよ。だけど、北部からいまどきやって来る人なんか、白人なんて言ったって、どこの馬の骨か分かったものじゃないのよ。民族的にはね。あの娘の親たちも、案外ユダヤ人か何かじゃないの、きっと」

「だからね。今ここで、人種とか民族のことに、表面から触れることは、とても危険なことなの。だから、あなたもそのことには十分注意して、公民権闘争なんかには興味を持たないで、勉強だけしていなさい。今じゃ、アメリカと日本の関係は、とてもいいんだからね。イギリスとカナダに次ぐ友好国になったんだから。もう、太平洋戦争の恨みのことなんか、誰も言わないわよ。十二月七日以外にはね」

「分かりました。十分気をつけます」

とおじいちゃんは言って、自分の部屋に戻った。身近なところで初めて起こった事件に、ここの地域の特殊性を改めて認識して、長時間呆然としていたよ。

高校は、爆発事件の直後は何となく落ち着かない感じだったけど、そのうちにもとの状態に戻った。しかし、二年生のあの二人の女子学生は、登校していないようだった。学校だけでなく、ダウンタウンにも出ずに、家に閉じこもったままだという話だった。結局、彼女たちにとっては、誰が敵で、誰が味方なのか判然とせず、情緒不安定の日々が続いていたのさ。

ひと月ほどたってから、その事件のことを半ば忘れかけた頃に、クラスの男子学生が大勢で、彼女たちのことを話しているのを聞いたんだ。


「あいつらは転校したらしいぞ」

「どこへ？」

「別々のところらしい。ユダヤ人はな、ジャクソンのユダヤ系の私立学校へ。ヤンキーのやつはな、ワシントン郊外の元いた高校へ戻ったんだって」

「ふーん。すっきりしたな」

と誰かが言った。

だけど、この言葉に対してのみんなの表情は複雑で、一様でなかった。

「そうだな。すっきりした」

と調子を合わせて、大声で笑う者もいたけど、真剣な表情で考えこんでいる者もいた。大部分の者は、ただ沈黙を守っていた。

おじいちゃんは中国人の顔を探したんだ。彼のような顔つきをしていようと思ってね。そしたら彼は何も聞かなかったように、平然として席に座っていた。おじいちゃんは、何とも落ち着かない自分にくらべて、この土地で長い間生き抜いて来た中国人の子供は、達人だと感じたさ。見習わなくちゃと思ったよ。

人種関係の厳しい、このデルタの土地で、白でもなく黒でもない人間が、今のような白の地位を獲得して、それを維持し続けるには、このようなことで、いちいち興奮するわけにはいかなかったんだ。

九

ユダヤ人の娘と連邦政府の役人の娘が、二人とも転校したという話を聞いてから数日後、おじいちゃんはユダヤ人のスーパーに行ってみたんだ。ハインズ夫人には、あんな店には行かない方がいいと言われていたけど、前にも二、三度行ったことがあったたし、店の人たちもおじいちゃんが日本からの留学生で、ハインズさんの家にいることは知っていたんだ。

ユダヤ人の店では、中国人の店と同じく、主人も奥さんも店に出ているのが普通だった。労働蔑視のこのデルタ地帯では、それは特筆すべきことだったんだ。肉体労働を可能な限り避けることが、余裕のある金持ちであるという証明なんだからね。南部に住むアングロ・サクソン系の白人の口にするキリスト教精神とは、およそ相入れない感じのこの極端な肉体労働蔑視は、やはり、奴隷制を経験した特殊な地域の持つ後遺症なのだろうかと思うよ。

どうしてかと言うと、同じアングロ・サクソン系であっても、北東部に留まったり、西部の開拓に旅立った農民たちの子孫には、ここの白人のような、労働する者は金のない卑しい人間であるといった極端な観念は、存在するようには見えないのだからね。

実際、デルタの白人たちにとっては、ミレーの「晩鐘」や「落穂ひろい」の名画など、何の価値も持たないのには驚いたよ。あれは、彼らがこの辺りで見飽きている、卑しいクロンボの労働者たちの、夕暮れの姿にしか見えないんだってさ。その点でも、お金は相当にありそうなのに、主人も奥さんも店に出て働いているユダヤ人の店に、おじいちゃんは好感が持てたんだ。

お昼前に授業が終わった日で、午後の丁度空いている時間帯だったので、店には数人の客しか居なかった。白人の女性がレジを通過して、あとは黒人の男女が居るだけになった。白人が居なくなり、黒人だけになってほっとするというのは、どういうことなんだろう、とおじいちゃんは思ったよ。日本にいたときには、とても考えられなかったことさ。自分は有色人種だから、白人よりは矢張り黒人に近いのだろうかともね。

いや、そういうことではない。白人の家で生活をして、白人だけの高校に通っていて、その生活に関しては、何も違和感がない。白人より劣っているとは、全然感じない。そしてまた、白人が自分を劣等視していないことも事実だ。それには、ハインズさんの家にいるという厳然たる事実が、強力に影響していることも確かだけど。

それより矢張り、黒人住宅地を歩き回ったときには、すごく違和感を抱いた。ここはとても自分の住める世界ではないと思った。あのときは実際、白人住宅地に戻ってほっとしたのだ。それなのに、今この店で黒人の方に共感を抱き、何となくほっとするというのは、どういうことなのだろうか？

それには、今ここで黒人が白人によって強いられている理不尽さに対する反感が、影響しているのではないだろうか？　白人よりも黒人の主張の方が、絶対に正当であると認めていることによるのではないだろうか？

三つあるレジには奥さんと若い女の子がおり、もう一つには誰もいなかった。主人は奥の方で、品物の整理をしていた。おじいちゃんの顔を見ると、

「ハロー」と声をかけ、

「もう、学校終わったのかい？」

と聞いた。

「ええ、今日は先生方の都合で、午前授業だったんです」

とおじいちゃんは答えた。

普通の白人とちょっと違った感じのユダヤ人に、おじいちゃんは何かしら親近感を抱いて、話をしたい気持ちになった。

「高校生の娘さん転校したんですってね」

「ああ、しょうがなかったんだよ。あんなことに遭ったらね。町の中で、誰彼となく一緒に事故に巻き込まれるのなら、まだ我慢出来るけど、学校であんな目に遭うなんてね。一番安全なところだと思っていたのにさ」

誰がやったという特定の人物の名は分からないにしても、主人は勿論どういう方向の人間がやったのかは、分かっている筈だったさ。だけど、それを改めておじいちゃんに話すつもりはなく、おじいちゃんにしても、それをあえて聞くつもりもなかったよ。

「あなたの店が繁盛しているから、ねたんだんでしょうか?」

「うん。そうかも知れないね。その人たちは、黒人の取り扱い方が、他の店と違うことによって、不当な利益を得ていると考えたんだろうね。こういう時代だからね」

「僕は誰とも直接関係のない、全くの部外者だけど、あなたの店の方が正しいと思いますよ。ハインズさんの家では、こんな話はしないですけどね」

「有り難う。そう言ってくれて。私たちは第二次世界大戦後に、ソビエトから移住して来たんだけど、むこうでは散々差別されてたからね。ここで、クロンボが差別されているのを見ると、とても他人事とは思えないんだよ。そこは、クロンボが全然いなくて、ユダヤ人が最低にランクづけされていたからね。ここでは私たちは、とても恵まれているんだ。ただ白人だというだけで、上の三分の一に入れるのは有り難いけど、クロンボたちを差別しようとは、どうしても思えないね」

おじいちゃんは黙ってうなずきながら聞いていたけど、この点では、ユダヤ人とイタリア人の言うことは似ていると考えた。日本の高校で社会の授業のとき、多民族社会のアメリカでは、下の位置から上昇しようとする人種や民族を、そうさせまいとすることが、そこを辛うじて脱出したばかりの、すぐ上の位置にいる者たちの共通した行動パターンだ、という話を聞いたけど、ここにいるユダヤ人、中国人、イタリア人などは、ちょっと違うな、とおじいちゃんは思ったよ。ユダヤ人の主人はさらに話を続けたけど、それは前にイタリアン・レストランのマスターが言っていたことと、すごく似ていたんだ。

「この町の白人の半分は、ＫＫＫか、市民会議のメンバーなんだよ。私はどっちにも入っていないけどね。ＫＫＫは勿論だけど、市民会議の人たちだって、ユダヤ人を本当の仲間だとは、考えていないんだよ。その点では、ＫＫＫと同じことなんだ。

娘のバックに爆弾を仕掛けたのは、ＫＫＫの奴らのしわざに違いないけど、市民会議の連中はそれを黙認している、というより、内心ほくそ笑んでいるんだよ。クロンボに加担していると見られているユダヤ人の弁護士の家が、南部のあちこちで爆破されているしね。ここらの普通の白人から見たら、私たちは矢張り危険人物なんだよ」

白人の女性客が二、三人店内を歩いていた。おじいちゃんはもう止めなければならないと思った。しかし、主人は目をきょろきょろ動かしながら、声を低めてさらに続けた。見掛けは白人として振る舞いながら、こういう本音を話せる相手は、この町にはあまりいないのだな、とおじいちゃんは思ったよ。

「ここではね、白と黒と二つにしか分けないから、私たちは白に入ってるけど、もっと多くに分けるとしたら、ユダヤ人は一番上の真っ白じゃないよ。皮膚の色じゃアングロ・サクソンとなんの差もないんだけどね。あんた達アジア人のすぐ上さ。こんな言い方をして悪いね。ごめんよ。これは勿論、人間の本質的なことから言っているんじゃないんだからね。ここらに住んでいると、どうしてもこうなっちゃうんだよ。

あんたはここでは、珍しく誰とも関係のない部外者だから話し易いんだけどさ、ごく親密な者同士でないと、こういうことを話すのは、ここでは絶対にタブーなんだよ。私たちは、ここの中国人たちとだって、こういうことは話さないよ。たとえ立場や考え方が、相当に似ているとしてもね。クロンボにだってそうなんだよ。クロンボに差別なく、親切にしてやったって、それを逆手《さかて》にとって、ＫＫＫや市民会議の人たちに、情報を通じる奴らもいるからね。本音なんて、誰にも話されないんだよ」

「ハインズさんたちには、絶対に話しませんから、安心して下さい」

とおじいちゃんは、急いで言った。

「ああ、信用しているよ。あんたは留学生で、一年経ったら帰るということで、ここの誰もが気楽なんだ。ここの過去を全然背負っていないし、競争者でないから。単なる滞在者で、お客さんだからね。でも、あんたがカリフォルニアにでも行って、そこに住み着くとしたら、やはり厳しいと思うよ。なに人《じん》だって、そうだよ」

「そうですね。よく分かりました。色々と聞かせてもらって、有り難うございます。だれにも絶対に言いませんからね」

とおじいちゃんはまた繰り返して、奥さんのレジで支払いをして店を出た。

ユダヤ人の店から出ると、一台の車が駐車場に入り、黒人の女性が四、五歳の男の子の手を引いてこちらに歩いて来た。どこかで見たことのある人だな、とおじいちゃんが見ていると、男の子がにっこり笑って、

「あっ、この間の中国人のおにいさんだ」

と母親に言った。母親も気づいたらしく、笑いながら近づいて来て、

「この間はどうも有り難うございました。危ないところを、助けていただいて。ろくにお礼もしないで、急いで帰ってしまって、すみませんでした」

と言って丁寧に頭を下げ、

「何せ、白人は苦手なものですから、すぐ逃げ腰になってしまって」

と付け加えた。

「いいえ。どう致しまして。何でもなくて、良かったですね。ひどい白人ですね。ああいうことは、よくあるのですか?」

「ええ。しょっちゅうです。白人の子供に石をぶつけられたり、たたかれたりしたら、ただ損なのです。白人の子が悪いと認められることなんか、ないんですから。まともにそ

の相手になって、争いに巻き込まれでもしたら大事件になり、黒人にとっては、ひどいダメージになるのです。警察は白人のものですから、届けでもしたら、かえってひどいことになりますし。

白人相手の場合、黒人はここでは、何事でも勝ち目はないのです。ですから、事を荒立てないように、ただ、すみません、すみませんと言って、逃げ去るしか方法はないんです。子供には、絶対に白人の子と関わりあいにならないようにと、言い聞かせています。それだけが、ここで生き延びようとする黒人の出来ることなのです」

「ひどいことですね」

「そうです。だから、最近になってようやく、色々な運動が黒人側から生じてきたのです。もう少ししたら、多少は変わるかも知れませんね。でも白人も最後の抵抗をして、猛反撃していますから、とにかく、当分は注意して、注意して生活しなければなりません。本当に有り難うございました。中国人の方ですか?」

「いいえ。僕は日本から来た留学生で、高校三年です。ここには、日本人は居ないのですね」

「そうですね。中国人は大分居るのですが。あなたも下層の白人とは、あまり関係しない方がいいですよ。この間の白人の女の人も、あまり上の人ではありません。上層の白人には、黒人に対して、すごい差別意識はあるのですが、それを直接私たちにぶつけようとはしません。子供たちもそうです。上層の白人の子供たちだけでは、直接黒人の子供に手出しはしないようです。大抵は、下層の白人の子供たちです。彼らの親たちは、上層の白人と違って、今では黒人が直接のライバルなのですから」

「でも、聞いたところでは、上層の白人たちは、経済的に黒人を痛めつけるそうですね」

「そうです。頭のよい人がそろっているだけ、やり方が婉曲《えんきょく》で、巧妙なのです。でも、リンチとか、暴力沙汰で直接やられるよりは、助かることも多いのです。何と言っても私たちにとっては、KKKのすることが、矢張り一番恐ろしく、いやなことです」

「そうですか。それではお元気で。また、いつかお会いしましょう。坊や、さようなら」

「さようなら。ありがとう」

「さようなら」

と母親も言った。

十

黒人の公民権獲得運動は、一九五〇年代後半から南部の至る所で発生していたんだけど、六〇年代に入ってからは、ミシシッピ州で最も激しく闘われていたんだよ。南北戦争直後、黒人はしばらくの間は、曲がりなりにも平等の権利を享受していたんだけれど、十九世紀末に成立した黒人差別の法律、いわゆる「ジム・クロウ」法によって奪われてしまっていたんだ。それを再び取り戻そうとするものだったのさ。

日本にいるときにも、おじいちゃんは、南部における人種差別については、多少なりとも知っていたけど、南部に来てみて初めて、そこに一様な人種差別があるのではなくて、それぞれの州で、それぞれの地域で、人種差別の程度にも濃淡の度合いがあることが、次第に分かってきたんだ。そして、おじいちゃんのいるミシシッピ州が、南部の中でも最も厳しい州であって、さらにその中でも、コトンタウンの町のあるこのデルタ地帯が、最も厳しい場所であることも分かってきたんだ。つまり、ここがアメリカ一の人種差別の場所だということがね。

デルタの黒人住民にとって、いま最大の関心事は、ミシシッピ州の他の地域と同様、白黒学校統合と、投票者登録の問題だった。この点に関して、連邦政府からは、それを推進するようにとの命令が、繰り返し出されていたんだけど、ミシシッピ州、中でも特にここデルタ地帯の白人たちは、強力にそれに抵抗していたんだ。

二月初めのある日、おじいちゃんはいつものように登校して、用務員室の前を通ると、

見慣れない黒人の男が仕事をしていた。教室へ入って、居合わせた友達に、

「用務員室で、知らない黒人が仕事をしているね。いつものおじさんはどうしたの？」

と聞いてみた。

「ああ、きみ知らなかったの？　あいつはね、昨日で辞めさせられたんだ」

「どうして？　いいおじさんだと思ってたんだけどな」

「きみ、昨日の新聞見なかったの？　大きく出ていたろうさ、名前が。三十人くらい大きくさ。広告欄に」

「ああ、僕見なかったんだ」

実際、こちらに来てからおじいちゃんは、あまり新聞をまともに見てはいなかったんだよ。毎日、毎日すごい量の新聞がくるし、どこをどうやって見たらよいかも分からないし、まともに辞書を引いて読んでいたら、一日かけたって読み終わらないだろうさ。とてもそんな時間の余裕はないし、政治面の大きな見出しだけをさらっと見て、あとはテレビを観ることにしていたのさ。だから、ここらで起こる細かいことなんかは、人に聞くしか仕方がなかったんだ。

「あいつは、ＮＡＡＣＰ（全米黒人地位向上協会）が教育委員会に出した、白黒統合教育の請願書に署名したんだ！」

「へえー!」

相手の言い方に呼応するように、おじいちゃんも驚きの声を上げた。白人の友達は、用務員の黒人がそんな大それたことを希望することに、おじいちゃんも驚いているように受け取っていたけど、おじいちゃんにしてみれば、そんな正当なことを希望したことで、辞めさせられたことに対する驚きだったのさ。

今回の署名に加わった黒人の大半は、歯科医、弁護士などの専門職、葬儀屋などの実業家、商人、教師などで、経済的にある程度白人から独立していて、白人からの圧力に抵抗出来る人たちだった。彼らの多くは、子供たちをレベルの低いコトンタウンの黒人学校には入れずに、西へ一時間ほどのグリーンヴィルにある、カトリック系の教区学校へ車で送り迎えするか、ジャクソンやメンフィスなどの私立に寄宿させていたんだ。だけど、この学校の用務員のように、白人に雇われていた数人の黒人は解雇されたのだ、とその友達は教えてくれた。

「きみの泊まっているハインズさんの家では、何か言ってなかったかい?」

「いや、何も言ってなかった。黒人についてのことは、お互いにほとんど話題にしないからね」

とおじいちゃんは防御的に言ったけど、そう言えば前の日の夕食時に、ハインズ夫妻が新聞を見ながら、何やら二人でひそひそと話をしていたんだ。だけど、英語のひそひそ話は、おじいちゃんには聞き取るのがとても難しいし、二人とも、おじいちゃんの複雑な心情を考えて、話題にするのは適当でない、と考えたのだと思う。

おじいちゃんは辞めさせられたその用務員とは、何度か話したことがあった。三分の二の住民が、黒人である町に住みながら、ほとんど全く白人の中で生活しているおじいちゃんにとっては、黒人と話をすることは、興味のあることだったんだ。その用務員も、おじいちゃんが日本からの留学生ということで、生意気な感じの白人学生に対するのとは異なった、親しみを感じているようだった。

人種問題に関する話題は、お互いに意識的に避けて、デルタや日本の風物の話をするのが普通だったけど、いつか、「自分にはここの学生たちと同じくらいの男の子がいて、黒人高校に通っている」と話したことがあった。

「学校の設備や教員の質とか通学期間など、すべての点で、ここの高校とは大違いだからね、金があれば弁護士や葬儀屋の子供たちと一緒に、グリーンヴィルの教区学校に通わせたいんだ、成績ではあの子たちに負けないんだよ」

と、とても残念そうだったんだ。

「ぼくの泊まっているハインズさんの家に、メアリーという高校生の子が、パートタイムで働きに来ているよ」

と言うと、

「ああ、あの子は知ってるよ。うちの子と学年は違うけど、とても出来るようだね」

「うん、知っている。特に数学はすごく出来るよ。前にここの問題をやって貰ったんだ。ここの学生と比べたって、トップ・クラスだよ。白人の学生は、そんなこと信じないだろうけど、僕は知ってるよ」

あの時、用務員のおじさんは、辺りをぐるっと見回して、

「有り難う。あの子だって、教区学校に行きたかったろうにな」

と言って、自分の子供がほめられたように、泣きそうな顔になった。あの時、黒人の子供たちも、ここで一緒に勉強出来るようになればいいのにと、どれほど言いたかったろうか、とおじいちゃんは思ったよ。

白人学校で、黒人が用務員として勤めることは、容易なことではなかったんだよ。白人の子供たちは、黒人の用務員なんて、およそ人間だなんて思ってもいないのさ。先生の見ている所ではおとなしくしているけど、居なくなると直ぐに悪さをする。校舎を壊したり、備品を壊したりする。用務員が見ていても、それをする。注意をしたら、なおさらやる。先生の方では、生徒が壊さないように見張っているのも、用務員の勤めだと言い、それが

出来ないのは、能力のない証拠だとするんだ。

今度辞めさせられた用務員が、いつか、おじいちゃんが来る少し前の出来事を話してくれたことがあった。彼の前任の用務員が、注意を聞かずに校舎を壊している数人の学生のことを、先生に言いつけたのさ。先生はその学生たちを呼び出して、叱ったそうだ。そしたらその夜中にその用務員は、木から吊るされてリンチにかけられて、死んだんだって。

綿畑などで働いている黒人たちから見たら、白人学校の用務員などは、羨ましい限りなんだ。とても自分たちの到達出来ない、栄光の仕事場に見えるそうだよ。だけど、実情はとんでもないんだ。今度辞めさせられた用務員は、この難しい仕事を、その才覚で何とかうまく切り抜けてやっていたのさ。と思っていたら、このように辞めさせられるんだ。

でも、この請願書の問題は、直接被害を受けた黒人の数が少なかっただけ、それほど多くの波紋を、黒人社会にもたらさなかったんだ。それは、署名に参加しなかった一般黒人に、自分の子供たちを白人の子供たちと一緒に勉強させることなどは、到底無理なことなのだということを、再認識させただけだったんだ。

十一

だけど、投票者登録に関しては、より多くの黒人が関心を持っていたんだよ。自分たちが惨めな生活をしなければならない根本的な原因は、登録をしないためだということを、次第に理解するようになってきたからさ。NAACPコトン・タウン支部の指導者によって、郡庁舎に登録に行くようにという指導が、繰り返し行なわれていた。

これまでも、毎年何名かの者が登録に行ってはいたけれど、この郡の近年の登録通過者は皆無で、どうせ行っても無駄だという印象を、黒人たちは抱いていた。一方白人側でも、登録に来る者の数が少ないために、そのことに特別の危惧《きぐ》を抱かずに、その者たちをひそかにマークはしたけれど、特別明白な制裁を加えることは控えていた。

だけど、指導者たちの懇切な指導と、南部の他の地方と比べても、遅々として進まない、デルタの自分たちの窮状に対する不満から、登録に出かける黒人の数は、次第に上昇していた。

登録のためには、二十二の質問に答えなければならなかったんだ。そのうちの二十一は、読み書きさえ出来れば、極めて易しい問いだったんだけど、最後の一問、つまり、ミシシッピ州憲法二八五項目の一つを、試験官の気に入るように説明するということは、容易なことではなかったのさ。

この最後の問題が、黒人を通さないための策略で、通過出来る者はほとんどいなかったんだ。さらに人頭税支払いの証明書も必要で、貧困な黒人にとっては、それの提示は容易なことではなかったのさ。

　これらの必要条件を満たしたと思える場合でも、発表までには、二週間ほどの期間がかかった。これまで希望者のほとんどすべてを不合格にしてきた白人側も、次第に増大する登録希望者に危惧を感じ出して、彼らの名前を新聞に掲載して、広く白人たち、特にＫＫＫ団や白人市民会議のメンバーに知らせようと企んだのさ。


　その日もおじいちゃんは新聞を読まずに登校して、ホーム・ルームに入ると、四、五人の学生が新聞を囲んで、いつになく騒がしく、興奮しているようだった。

「どうしたの？　何かあったの？」

「ああ、きみは新聞を見なかったの？」

「うん。あまり、見ないんだ。特に朝は全然ね。見ても何のことだか、あまりよく分からないんだ。きみたちと違って」

「そうか、数学出てないもんな」

と言うと、みんなでどっと笑った。

「ねえ、何なの？」

とおじいちゃんが繰り返すと、

「クロンボたちの名前さ。生意気クロンボのやつらのリストさ」

「クロンボのくせに、投票したいんだってよ」

「身の程知らずってことよ」

次々と非難の声が飛び交った。おじいちゃんが沈黙すると、あとはまた、彼らだけの話に戻った。みんなが黒人の悪口を言ってるとき、それに同調しなくても、「クロンボびいき」と言われることはなかった。ハインズさんの所にいることだけで、そのことは了解済みだった。無駄な恐怖心を抱く必要がなくて、その点では、ハインズ夫妻が有り難かったよ。

彼らは赤鉛筆を取り出して、「この名前を知ってる」とか、「これはうちで雇ってるクロンボでないかな」とか言って印をつけていた。そして、おじいちゃんの所へもそれを持って来て、

「きみも知ってる奴いないかい？　印つけなよ」

と笑った。

「僕なんか知ってるわけないよ。でも、ちょっと見せて」

と言って、五十名ほど連なっている名前を、順に眺めていった。

誰を調べるという積もりもなく、ただ漠然と見ていたけど、ウイリアム・ミンターの所

に来て、呆然とした。ミンター、ミンター……。ミンターでなかったかな? メアリーの家の苗字は。これは彼女の親父さんの名前でないかな? 確か製材所で働いているって言ってたけど。

そのあとの名前は、ただぼーっと眺めていただけだった。

「どうも有り難う。いるわけないよね。僕の知ってる奴なんか」

とおじいちゃんは新聞を友達に返したけど、ちょっと気になったので、

「どうなるの? そこに載った人たちは?」

と聞いてみた。

「どうなるかなんて、俺たちには分からんよ。だけど、あまりいいことにならないことだけは、確実だな。白人に楯突いたクロンボのリストってことだからな。そのうち分かるよ。いま大人たちが相談してるんじゃないかな」

「ふーん?」

とおじいちゃんはうなづいて、

「所詮、僕には関係のないことだけどさ」

とつぶやいたんだけど、ちょっと確かめておきたくなって、

「だけど、僕のいるハインズさんには、関係あることなの?」

と聞いてみた。ハインズ氏が果たしている役割については、イタリアン・レストランのマスターが言っていたことのほかは、全く分からなかった。おじいちゃんの知りたかったのは、勿論、ハインズ氏がしていることそのものよりも、それが直接メアリーの家に及ぼすことになる影響のことだったんだけど、そんなことを、白人の友達が知る訳もなく、幸いだった。

「すごく関係あるんじゃないかな。あの人はとにかく、市民会議の最重要メンバーの一人だって話だからな。ここに今度載っている人たちに対しては、ＫＫＫよりは市民会議の方が、何かするんじゃないのかな。こいつらは、生意気だけど、すぐ殺すほどでもないからね。こんな話、ここではあまりしない方がいいよな」

「そう？　分かった。どうも有り難う。いずれにしても、僕はあと数ヶ月で帰るんだから、あまり関係ないんだよ」

おじいちゃんはそう言って、友達との話を打ち切った。

級友たちは、その後続々と教室へ入って来て、その話に熱中している様子で、いつになく騒がしかった。彼ら同士で話している場合、おじいちゃんに話す場合とは違って、何を話しているのか、よく分からなかったけど、「ニガー」とか「キル！」とかいう単語が、何度も耳に入ってきた。

このクラスの半数近くの者たちは、おそらく、一人の黒人学生の入学にあれだけの拒否反応を示した、ミシシッピ大学に入ろうとしている連中なのだから、黒人に公民権を与えることに賛成しているわけがなかった。しかし、そっとクラスの中を見渡すと、中国人やユダヤ人、それによくは分からないんだけど、父親が連邦政府関係の仕事をしていると聞いていた学生たちは、押し黙っているのが見られた。

教師たちはその新聞広告のことには全く触れずに、いつもの通りに授業を進めていったけど、おじいちゃんはいつになく上の空だった。メアリーとハインズ氏の顔が、交互に浮かんでは消えていった。家に帰る前に、ウイリアム・ミンターという名の男が、メアリーの父親なのかどうかを確かめたかったけど、聞く人もいなかったのさ。

辞めさせられた用務員の代わりに採用された黒人には、聞く気がしなかったし、ランチとディナーの、ちょうど中間のこの時刻には、イタリアン・レストランはまだ準備中だったし、ユダヤ人のスーパーはとても混んでいるに違いなかった。

友達と別れてダウンタウンを一人で歩いていると、いつの間にか端まで来てしまっていた。ダウンタウンの最後の一角には、黒人が占有している建物が一つだけあって、一階はスーパーで、二階は歯医者と弁護士の事務所になっているようだった。ここを過ぎると鉄道線路になり、黒人居住地域になるのだった。

おじいちゃんはこの二階で聞いてみることにしようと思った。現状では、白人居住地域で生活している者が、黒人居住地域をうろつくことは、はばかられた。しかし、ここであれば、もし白人に見られたとしても、黒人の建物だと知らなかったと、開き直れると思った。二階の階段を上るときは、歯医者の方にしようと思っていた。歯が痛くてたまらなかったから駆け込んだといえば、余程しつこく追及されても大丈夫だろうとね。

階段を上り詰めて、左右に向かい合ってドアに書かれている、「デンタル・クリニック」と「ロー・オフィス」の表示を見比べたとき、おじいちゃんには何だか、「ロー・オフィス」の方が魅力的で、聞きに入るには適しているように見えたんだ。それで思い切ってブザーを押したさ。

「どうぞお入り下さい」

という女性の声がした。

中に入ると、狭い部屋の両側に、ぎっしりと本やファイルの並んだ書棚があった。入り口近くのカウンターにきちんとした身なりの若い黒人女性が座っていて、後ろ向きになっている女性客と話をしていた。正面の一番奥で、中年のワイシャツにネクタイをつけた男性が、机に向かって何かを読んでいて、中ほどにある机で、中年の女性が何か書きものをしていた。

少し狭苦しいという感じのほかは、白人の普通の事務所の感じと変わりはなかった。白人の使用人としての黒人でない、いわゆる中流に入っている黒人の世界を、初めて垣間見た感じだった。

カウンターに座って、来客の応対をしていた若い女性が、

「何か御用ですか?」と言って立ちかけると同時に、中年の男性も女性も、同時にこちらを向いた。みんなちょっと意外なような表情を浮かべていたけど、

「あのう、ちょっと教えて戴きたいことがあるのですが、誰に聞いたらよいか分からなかったものですから」

とおじいちゃんが言うと、客の女性がびっくりしたように、こちらを振り向いて、

「あら、いつかの日本から来られた方ですね。あのときは、本当に有り難うございました」

と言った。来て間もなくの頃、郵便局で前に並んでいた女性だった。

「どう致しまして。こちらこそ失礼しました」

とおじいちゃんが言うと、若い女性は、

「あら、お知り合いだったの?」

と客に聞いた。

「いいえ、去年の秋にね、この方が郵便局で、ご親切に順番を先に譲って下さったのよ。いつまで待っても、私の順番が来ないときにね。日本から白人高校に来ている留学生なのよ。銀行のハインズさんの家に泊まってるんですって」

「えっ。ハインズさんの所に？」

とその若い女性が言うと同時に、ほかの二人も、さっきおじいちゃんを見たときよりも、さらに驚いたような表情を浮かべた。

「はい。ハインズさんのところに泊まって、高校に通っております。ですが、僕はハインズさんについては、銀行の頭取ということ以外には、何も知りません。ただ、適切なホスト・ファミリーだとお聞きして、置いていただいているだけです。人種とか公民権とかについては、全然話したことはないですし、お互いに触れないようにしています。ご夫妻とも、僕に対しては、非常に親切にしてくれますので、その点については満足しているのですが、何となく漠然とですが、黒人の方にとっては、好ましい存在でないのではないかな、と感ずることはあります。

僕がこちらに伺ったことを知ったら、不愉快になられると思いますし、絶対言わないつもりです。教えて頂きたいことというのは、今日の新聞の広告欄に出ていた名前のことなのですが、ウィリアム・ミンターという人は、ハインズさんの家にパート・タイムで来ている、メアリーという高校生のお父さんなのか、ということなのです。

広告に載っていた人で、僕の知っている名前は、それだけだったものですから。メアリーから、たしかお父さんは製材所で働いていると聞いていたのですが、誰もそれを聞く人がいないので、ここに入って来たようなわけです」

おじいちゃんは一気に言った。そして、

「ハインズ夫妻に聞けば、すぐ分かることだと思いますが、僕としては、そのことに直接触れたくなかったものですから」

と付け加えた。

奥の机から黙ってこっちを見つめていた、弁護士らしい男性が口を開いた。

「実は、私もこの広告に見入っていたところなんだ」

と言いながら、新聞を手で持って見せた。

「私はここに載っている名前の人を全部知ってるよ。ここで弁護士をやっている者としては、当然のことだがね。教えてあげよう。あんたは日本からの留学生で、ハインズさんの家にいても、中立的な立場のようだからね。ウイリアム・ミンターはメアリーの父親です。あんたが聞いたように、彼は製材所に勤めていて、母親は白人の家庭でクックをしている。メアリーともう一人、小学校に通っている妹がいる筈だよ。

私はこの町の黒人の家庭の大半の事情を、把握している積りなんだ。ミンターの家は、非常に堅実な家庭です。メアリーも非常にしっかりした娘でしょう？　そうでないと、ハインズさんの家に雇われるわけがないんだ」

「ええ。とても優秀なようです。数学などは、僕らの高校に入ったとしても、ずっと上位だと思います。前に僕らの学校の問題をやって貰ったことがあるんです」

「そうかい？　それで、ウイリアムがメアリーの父親だと知って、あんたはどうする積りなの？」

「どうすることも出来ません。でも、それを確かめないで、家に帰る気にならなかったものですから。何かが起こるのでしょうか？」

「きっと起こるよ。今私はこの広告を見ながら、そのことを思案していたのさ。この前の、白黒学校統合の請願書署名の場合よりも大規模にね。あの時には、私も署名したんだ。向かいの歯医者さんも一緒にね。私たちは協力して、子供たちをグリーンヴィルの教区学校に通わせているんだ。学校が統合されれば、そんな必要はなくなるんだからね。

でも、あの署名の時には、自営業と言うか、自由業というか、とにかく、白人に使われないで、黒人社会で何とか生計を立てていける連中が、比較的多かったから、被害はわりと少なかったんだ。首を切られたのは、ほんの数名さ。あんたの通っている高校の用務員は、その少ない犠牲者の一人だった。彼の子供も優秀だから、統合を願っていたんだ。だけど今度の場合、白人に雇われている者が多数いるし、雇われていない自営の場合でも、何らかの仕方で、白人に頼らなければならない人たちが多いんだ。我々のように、黒人社会だけでやっていける者とは違うのさ。だから今からそれを危惧しているんだ。

白人市民会議の連中は、今頃この新聞広告を見つめて、悪巧みを考えているのさ。NAACPの指導に従って、今度参加したこれらの人たちは、KKKに命を狙われることは、まずないさ。狙われるのは、それをあおった指導者だけなんだ。だけど、みんなその代わりに、市民会議の連中によって、経済的に苦しめられるんだ」

「ハインズさんも、何かなさるのですね?」

「勿論そうさ。彼は最重要メンバーの一人だからね。今頃は、カントリー・クラブに集まって、相談しているだろうさ」

「それでは、メアリーもパートに来られなくなるんですね?」

「勿論そうなるよ。そうしなければ、ハインズさんの立場がないからね。彼女のパート以上に、親たちの仕事が奪われるのが心配なんだ」

「じゃ、楽しみにしていた、トゥガルー・カレッジへの進学も出来なくなるのかな?」

「多分ね。何かよっぽど他の幸運に恵まれなければね」

「かわいそうに。あんなに出来るのに……

それでは、どうもお邪魔しました。大変有り難うございました。ハインズさんには、絶対に話しません。また、何か聞きたいときに来ますから、教えてください。それでは、帰ります。皆さん有り難うございました」

と言って部屋を出た。

おじいちゃんは階段をおり、少し呼吸を整えてから外へ出た。すばやく左右を見回すと、白人も黒人も何人か歩いていたけど、誰もおじいちゃんなんか意識してるようでなく、ほっとした。何かいつもより相当疲れた感じで、そのままどこへも寄らずに家に帰り、ハインズ夫人にちょっと言葉をかけただけで、すぐ二階へ上がってぼーっとしていた。

いつもの夕食時に、ハインズ氏はまだ帰って来なかった。

「私は夫が帰ってからにするから、先に食べてね。今日は遅いらしいの」

と奥さんは言って、テレビに見入っていた。

もう新聞の広告は、見過ぎるほど見たんだろうな、とおじいちゃんは思った。ほんの少しの間、新聞のページをぱらぱらめくって止め、食事を始め、テレビに見入った。

ハインズさんが帰ったのは、十二時過ぎのようだった。メアリーは翌日やって来たけど、それが最後だった。翌週からは、メアリーとは大違いの、大柄で、のそっとした感じの女の子が来るようになった。

十二

コトンタウンの町はごく大ざっぱに言えば、鉄道線路を境界線にして、北半分に白人居住地域、南半分に黒人居住地域があって、その境界のバイユーに囲まれたちょっと離れたところに、上層の黒人と下層の白人が混じって住んでいる黒白混住地域があるのさ。そして、北側の白人居住地域の西寄りの部分に、両人種がともに利用するダウンタウンがあるのさ。ともに利用するとは言っても、その構造から見て、歴史的に、本来白人だけのものであったのを、仕方なく黒人にも使わせるようになったといった感じが強いんだ。

白人居住地域には、東西南北に多数の通りがあるんだけど、南北に通ずる通りは大抵、鉄道線路とほぼ平行して流れているバイユーにさえぎられて終わっていて、橋を渡って黒人居住地域まで通じている通りは、ごく僅かしかないんだ。この僅かしかない、両地域を南北に突き抜けて貫通する通りを利用するのは、大抵黒人なんだ。

黒人はダウンタウンに買い物に、白人住宅地に使用人として、一日に何遍も往復しなければならないんだよ。これに反して白人は、特別の場合を除いては、ほとんど全く黒人住宅地に行く必要はないわけさ。週末にこの道を突き抜けて、郊外に出かける場合などは特別だけどね。

黒人は郵便局の窓口やスーパーのレジを始めとして、様々なところで白人に譲歩しなければならないんだ。それは歩道を歩いたり、車道を車で走ったりするときにも、当てはまることなのさ。だから白人は、相手が黒人であると見てとると、交通規則を無視する。事故が起こった場合は、すべて黒人が悪いことになるんだ。交通規則から見て、自分が正しいことを主張するなら、白人に楯をつく生意気な黒人ということになり、交通規則以前の段階で負けることになるってわけさ。

だから、黒人が自分たちの家から車で、南北に通ずる通りを北上し、白人居住地域にある、最初の東西に通ずる通りとの交差点を通過する時、最も神経を使うことになるんだ。ここには勿論交通信号があるよ。だけど白人居住地域の他の交通信号を正しく守る白人も、ここの交通信号は、全く無視するのさ。交通信号よりも、相手が白人か黒人かをとっさに見分けることの方が大事なんだ。

信号が赤でも青でも、止まるべきは黒人なのさ。だから、それを知っているこの町の黒人は、たとえ信号が青であっても、一応止まることを心掛けているんだ。

その日は土曜日だったので、いつものように遅めに朝食をとって、散歩に出掛けた。冬の間休んでいた綿畑に、再び緑がよみがえり始めた時期だった。ごく近寄って見なければ分からないような小さな若い双葉が、見渡す限り広がっていた。これからまた週に一度、綿の成長を見て回るのが楽しみだったよ。

この辺りの人たちにとっては、もう見飽きていて、単にお金にしか見えないこの植物も、おじいちゃんにとっては、常に変化する新鮮な生き物だったからね。でも、この双葉が、去年の秋見たような真っ白の綿の花をつけるまでには、帰国しなければならないんだ。

一時間ほど散策して町へ戻って、鉄道線路に最も近い東西の通りを、東側からダウンタウンに向かって歩いていたんだ。ダウンタウンのスーパーのランチ・カウンターで、ハンバーガーでも食べて行こうと思っていたのさ。

問題の交差点に来た時、信号は赤に変わって、おじいちゃんは立ち止まった。ダウンタウンの方から歩いて来た、子供を連れた若い黒人女性も、向かい側に立ち止まっていた。ダウンタウンの方から、車が前進して来たけど、当然赤だから止まるだろうと思った。左側、すなわち、南の黒人住宅地の方に眼をやると、そちらからも車がやって来たんだ。この車が通過したら丁度青になるな、と思っていたとき、衝突が起こったんだ。

ダウンタウン、すなわち、西側から来たのは白人の車で、南側から来たのは黒人の車だった。どちらの車も相当に壊れていたけど、白人は重傷、黒人は軽傷のようだった。すぐに近所の住宅から、白人たちが次々に出て来て、最も近い家の人が警察に連絡して、救急車を呼んだんだ。町の中央にごく近い所だったので、警察官も救急車もすぐ到着したさ。すごい人だかりになった。白人はすぐ救急車で病院に運ばれ、黒人はそのまま警察官に尋問されていた。

「信号は青だったんだ。信号は青だったんだ」

と何度も言うのが聞こえた。

だけど、警察官はそれには何も答えなかった。その声は、やがて取り囲んだ白人たちの罵声にかき消されてしまった。人だかりは白人ばかりだった。気がつくと、さっき居た黒人女性の姿はなかった。

「キル！」とか、「リンチ！」とか言う声が聞こえてきた。警察官は何人かと話をしていたけど、さっき電話を掛けた人が、おじいちゃんを指差しているのが見えて、警察官がこっちにやって来た。

「あんたが見ていたんだって？　信号は本当に赤だったの？」

と警察官は尋ねた。

「はい。そうです。絶対に赤でした」

「現場を見ていたのは、あんただけだったのかね？」

「いえ。もう一人、子供を連れた黒人の女の人が、向かい側で待っていました。赤信号でしたから。だけど、あれ。あの人はどこへ行ってしまったんだろう?」

とおじいちゃんは辺りを見回した。

警察官は黙っていた。信号が赤であったことも、黒人女性が立ち去った理由も、とっくに知っているといった感じだったよ。

「この東西の通りは、本当に赤信号だったんですよ。それなのに、あの人の車は止まらなかったんです」

とおじいちゃんは付け加えた。

「そうだ。そうだ」

と黒人は言った。

「お前は黙ってろ。お前に聞いてるんじゃないぞ」と警察官は言った。「お前は停まらなかったんだろう? 信号が赤でも青でも、クロンボは停まらなきゃならんのだぞ」

「そうなんですか?」

とおじいちゃんは尋ねたけど、彼はそれには答えずに、

「あんたは中国人かい?」

と聞き返した。

「いいえ、日本人です。高校三年の留学生で、頭取のハインズさんの所にいます」

と言うと、初めてびっくりした顔つきをした。

「じゃ、ハインズさんが、保証人になってるのかい?」

「そうです。八月末に、日本に帰るんですが」

「そう? それじゃ、ちょっとすまないけど、警察に来てもらいたいんだ」

とおじいちゃんに言いながら、黒人の方を向いて、

「勿論お前もだぞ」と言った。「車は誰かに運ばせるから、こっちの車に乗れ」

そのやり取りの間にも、「キル!」とか、「リンチ!」とか言う声が、盛んに聞こえてきた。「中国人ならいいじゃないか。赤だって、青だって、俺たちの方なんだから」と言っているのもいた。もう半年以上ここで暮らしているおじいちゃんには、その意味が漠然とながら分かった。

警察に入ると、黒人とおじいちゃんは、別々の部屋に通された。別れるとき、警察官を気にしながら、黒人はおじいちゃんに向かって何度も頭を下げ、「よろしく頼みます」という仕草をした。おじいちゃんも、警察官の眼を避けながら、うなずいて答えた。

部屋では、別の警察官が調書のようなものをとった。名前や生年月日のほか、人種とか国籍とか寄宿先などを書かされたけど、パスポートの番号は、後で電話で知らせることに

なった。

「信号は、矢張り赤だったのかい？」

とまた聞かれた。

「赤でした。それは間違いありません。そうでなければ、僕があの時、あそこで立ち止まっている筈がないのですから。それは、あのとき向かい側に立っていた、子連れの黒人女性も見ていた筈です。あの人は、どうして居なくなったのでしょう？　証言もしないで。黒人が不利になるかも知れないのに」

とおじいちゃんが言うのを、その警官はにやにやしながら聞いていたけど、

「色んなクロンボがいるからな」

とぽつんとつぶやいてから、

「あんたは、この辺のことは、まだ全然分かっていないらしいね。帰っていいよ。だけどね、もし帰ってから、信号が青であったかも知れないと考えるようになったら、すぐ知らせてくれるんだよ。はっきりでなくてもね。ぼーっとでもそんな感じがしてきたらね。そういうことだって、実際にあるんだからね」

と何かはっきりしないことを付け加えた。

「そんなこと、あるわけがありませんよ。絶対にね」

おじいちゃんは笑って言った。

「あんたは、ハインズさんが保証人で、幸運だったんだよ、実際に」

「え？　どうしてですか？　意味が分かりません。ハインズ夫妻がすごく親切なことは、よく分かりますけど。そのことと、今のことが、何か関係あるんですか？」

「そうだね。きみはここのことは、よく分からないようだけど、彼はとにかく、この町の実力者だからね。さっき重傷になったワトソンがどうしたって、ハインズ氏にはかなわないんだよ。それ以上のことは、今ここできみに言うわけにはいかないよ。とにかく、幸運だったんだ」

「へえー、そうなんですか？」

警察官の言葉はよく理解出来なかったけど、おじいちゃんはただ、この町におけるハインズ氏の威力には、驚くばかりだったよ。

警察を出てから、予定していたように、スーパーのランチ・カウンターに行こうとして歩き始めたけど、今の出来事を誰かに話したい気持ちになったんだ。この出来事を話す友達と言ったら、純粋の南部白人ではなく、矢張りユダヤ人か中国人だろうなと思った。しかし、昼食時だったので、訪問ははばかられた。その点イタリアン・レストランなら、そのどちらの目的も適いそうな気がして、ドアを開けた。

客は家族連れが三組で、全部テーブルについていた。おじいちゃんはカウンターに座った。マスターも奥さんも忙しそうだったので、オーダーだけしてテレビを見ていた。やがて、二組の客が食べ終えて立ち去り、二人の幼児を連れた夫婦だけが残った。子供たちに食べさせるのに一生懸命の様子だったので、少しくらい話をしても、聞こえない感じだった。おじいちゃんのオーダーした品が、カウンターに出されたのを機会に、それでも声を低くして話した。

「今、交通事故があったんですよ」

「何だか警笛みたいなのが聞こえたと思ってたのよ。何処で?」

と奥さんが言った。

「バイユーの近くの、問題のあの交差点です」

「へえー。そして、あなたは見たの?」

「ええ」

「どうだったの?　誰と誰?」

「正面衝突で、重傷と軽傷でした。誰だか名前は分からないんですけど」

と答えながら、そうだ、ぼくに名前を聞くはずはないんだ、と気づいた。白人同士なのか、黒人同士なのか、それとも、白人と黒人なのかを聞いているのだと気づいた。他の客もいるし、奥さんもそれをはっきりとは、ちょっと聞かれないのだろう。

「白人と黒人です」

「それで、どっちがどうだったの？」

「車はどっちも相当壊れていたけど、白人の方が重傷で、黒人は軽傷でした」

「へえー。そりゃ、大ごとだわ」

と今度は、マスターが小声で口をはさんだ。

「そして、それを見ていたのは、あんただけかい？」

「いいえ。もう一人、子連れの黒人の女の人が居ました。だけど、その人は、警察官が来る前に、居なくなってしまったんです。気がついたときには。実際に現場を見たのは、自分だけでないと、安心していたんですけど」

最後の家族も食事が終わり、出て行った。マスターは今度は普通の声で話した。

「そりゃ、居なくなるのが、当然なんだよ。クロンボが軽傷で、白人が重傷なんだろう？　逆だったのならまだしも」

「それはどういうことなんですか？　黒人は交通信号を守り、白人は守っていなかったんですよ」

「あんたはまだ分からんらしいね。どっちが規則を守ったとか、破ったとかは、この町じゃ関係ないことなんだよ。白人とクロンボが衝突したときには、いつでもクロンボが悪いことになるのさ。たとえ青でも、クロンボの方が、止まらなければならなかったんだ。この町の習慣としてはね」

「へえー？　すんごくおかしいんですね」

「そう。よそからぽっと来た人にとってはね。そこに居合わせた者は、常に白人に有利になるように証言するんだよ。それが不文律なんだ。ここのね。それが分かってるから、あんたが言ってた子連れのクロンボ女は、すぐ姿を消したのさ。板ばさみになるからね」

「へえー？　そうなんですか？　信じられないですね」

「それで、あんたは警察官には、何て言ったんだい？」

「勿論見た通りを言いました。白人の車が赤信号を無視して、黒人の車に突っ込んだと」

「へえー？　そう？」と今度は、マスターが驚いて言った。「そしたら、警察官はどうしたい？」

「そういえば、首をかしげて、意外そうな顔をしてました。そして、僕の国籍とか、現住所とか、ここに居る目的とか、こまごまと聞いてました。中国人だと思ったようですが、日本人と聞いてびっくりしたようでした」

「そうだろうさ。この町の中国人だったら、白人が有利なように、何とでもさせることが出来る、と彼は思ったろうさ。中国人は、実際これまで、とにかく白人の意にかなうように努めて、現在の地位を獲得してきたんだからね。今頃、警察では、困った目撃者だなあ、と言ってるに違いないよ」

「今思えば、なんかそのようでした。僕がハインズさんの家にいると言うと、もっと困ったような顔つきをしてました」

「そうに違いないよ。普通の白人の若者とか、中国人の若者の場合には、警察官は白人の有利なように証言させる自信があるんだ。だけど、あんたの場合は、ちょっと困るんだ。普通であれば、ハインズさんは勿論、必ず白人に有利なようにするんだよ。だけど、あんたに今それを強制するわけにには、いかないだろうからね。国際的な信用の問題になるかも知れないいし。とにかく、あんた、気をつけなくちゃいけないよ」

「何をですか?」

「クロンボに罪をきせれる最良の方法は、真実の目撃者が居ないことなんだ。その一番早い方法は、変なことを言うようだけど、あんたを消すことなんだよ。あんたは、ここの事情にうといから、今言っておかなければならないんだ。あんたが、まずここに立ち寄ったことは、幸いだったたんだよ」

「そんなことが、今どきあるんですか？　信じられないですね」

「ここは真実、恐ろしい所なんだよ。クロンボに味方して、何人もの白人が殺されているんだ。さっき現場を見たという、子連れのクロンボ女も危ないいんだ。それを知ってるから、自分が誰だかはっきり知られないうちに、急いで消えたのさ。ただ板ばさみで苦しむだけでなくて、命が危ないいんだ。クロンボにとっては、それが、ここで生き延びるための、生活の知恵なのさ。誰だか分かってしまったら、どこかよその土地へ逃げるしか、仕方がなくなるんだから」

「それじゃ、僕はどうしたらいいんですか？」

「気をつけて歩くんだね。当分は学校の往復しかしないことだな」

「分かりました。気をつけます。本当にどうも有り難うございました。日本にいては、想像も出来なかったことです。赤だった交通信号を、青だったたって言わなければならないなんて」

「アメリカだって、こういうことがまだ通ずるのは、ここだけさ。だから、クロンボは公民権闘争をやってるのさ。こんなこと、いつまでも続くわけがないさ。でも、ここでは今しばらくはこの状況が続くんだよ。あんたも、もう少しだからね。無事に日本に帰らなくちゃ。気をつけるんだよ」

「はい。分かりました。色々どうも有り難うございました」

「何か困ったことが起こったら、電話をかけてよこしなよ。俺が学校の行き帰りを、車に乗せてやってもいいんだけど、ハインズさんがついてるのに、かえって変な感じになるからね」

「はい。どうも有り難うございます」

と再度お礼を繰り返して、外へ出たんだ。

急に、何か辺りが不穏のように感じられて、きょろきょろと見回したけど、いつもの土曜日と何も変わった様子はなかった。白人も黒人も家族連れで、ショッピングや散策を楽しんでいるようだった。勿論、誰かに見られている感じなどなかった。交通事故の情報が、そんなに速く一般町民に伝わっている筈もなかった。

十三

家に帰ると、ハインズ氏は外出していて、奥さんだけだった。玄関に入ると、奥さんがすぐ現れ、待っていたようだった。

「さっき、警察から電話がきてね、あなたが本当にここに泊まっているのか、と聞いていたわ。確かに泊まっていますよって言ったら、納得したようだった。交通事故の現場に居合わせたんですってね。警察からって聞いて、あなたが交通事故に巻き込まれたのかと思って、びっくりしたわ」

「そうですか？　すみません、ご心配をかけて。早速確かめたんですね。後でパスポート番号を知らせるように言われたんです」

「そう？　ともかく、あなたでなくて、良かったわ」

夫人はまた繰り返した。本当に安心したことがよく分かった。

「状況はもう、警察の人からお聞きになったんでしょう？」

「ええ、大体ね。白人とクロンボだったんですってね。それが、ちょっと厄介なことなんだけど」

おじいちゃんは、イタリアン・レストランのマスターから、事情を聞いていたおかげで、奥さんの困惑が分かったので、あえてその理由を聞かずに黙っていた。

「そのクロンボは、どうして止まらなかったのかしら？」

「信号が青だったからでしょう」

「でもここでは、クロンボの方が止まる習わしなのよ」

「……」

「よそのクロンボだったんだろうか？」

「分かりません。ただその黒人は、『信号は青だった、信号は青だった』と何回も繰り返して言っていました」

「それじゃ、よそのクロンボかも知れないね。大分遠くの。デルタのクロンボなら、そんなこと言い張らない筈だもの。もし、よそのクロンボで、あなたが証言すれば、罪にはならないかも知れないわね。白人はこの町の職工らしいわ。今頃、仲間たちが騒いでるでしょう。クロンボをやっつけようと言って」

「でも、あの黒人は、今警察にいますよ。警察が守ってくれるでしょう?」

「そんなこともないのよ。相手がクロンボのときにはね。その警察官も仲間かも知れないからね。下層の白人のすることは、荒っぽいから、注意しないとね。何とかして、あなたの口を封じようとするでしょうから。問題はあなたなのよ。あなたさえ、信号は青だったと言ってくれさえすれば、クロンボを堂々とやっつけられるんですからね。だから、あなたはよくよく注意しなければ駄目なのよ。

私たちもいつもであれば、問題なく白人の味方なのよ。信号が赤でも青でもね。でも、今回は、どうしてもあなたを守らなければなりませんからね。たとえそれが、不本意にも、クロンボに有利になることであってもね。あなたは、絶対に赤であったと言うんでしょう?」

「そうです。絶対に。どっちの車に乗っていたのが、白人であれ、黒人であれ、僕が渡ろうとしていたとき、東西の通りの信号は、絶対に赤だったのです。それなのに、前方から来た車はそれを突き抜けて、南北の通りを北へ向かう車とぶつかったのです。これは厳然とした事実です。それが、白人であろうが、黒人であろうが、どうしたって変えようがありません」

「分かったわ。それでいいわ。あなたは大事な外国からのお客様ですからね。ただのアジア系アメリカ人とは違うのよ。夫が帰ってきたら、どうしたらよいか相談しましょう」

「はい。よろしくお願いします。僕は警察に、パスポートの番号を連絡します」

おじいちゃんは警察に電話をかけ、二階の自室に戻ると、何かひどく疲れた感じがして、ベッドに入った。これまでは、ここでの白人と黒人との関係を興味深く、自分とはおよそ関係のない問題として、傍観者的に観察していたのだけど、思いもかけない事件に関わって、気がついたら人種問題の渦中に入ってしまっていたのさ。

だけど、おじいちゃんには、まだ何とも納得がいかなかったんだ。どうして自分が渦中の人なのか？　どうして、事実を事実として証言して、純粋に客観的ではあり得ないのか？　自分は何も特別黒人に肩入れするつもりはない。だけど、偽りの証言をして、黒人を不利にすることなど、到底考えられない。やはり、ここで現在、白人が黒人に強いている幾多の行為は、どうしたっておかしいのではないだろうか、とね。

相当眠ったような感じで眼を覚ましたときには、もう薄暗くなっていた。階下ではもうハインズ氏が帰って来ているようだった。おじいちゃんは下に降り、居間に入った。夫妻は深刻な顔つきで話し込んでいたけど、おじいちゃんを見ると止めて、微笑みを浮かべた。

「いやな事故を見ちゃったね」

とハインズ氏が言った。

「ええ」とだけおじいちゃんは答えたけど、その「いやな」の意味が、普通の社会で使われるのとは、相当に隔たっているなと思った。

「警察からカントリー・クラブにも電話があったよ。ジョージに何とか違う証言をして貰えないかとね」

おじいちゃんは沈黙していた。

「警察では始め、ジョージを中国人だと思い、大丈夫そうさせれると安心していたらしい。だけど、日本からの留学生だと分かって、パニックに陥ったらしい。ここでは、白人とクロンボが衝突したときには、問題なく、黒んぼが罰を受けてきたんだ。目撃者が白人の場合には勿論だけど、クロンボの目撃者がいたって、誰もそんな奴は信用しなかったんだ。それに、それを強引に主張すれば、命が危なくなるからね」

「へえー？　そうなんですか？」

「そうなんだよ。クロンボは白人の道を通らして貰っていることを、知らなければならないんだ。道路にだって、『ホワイト・オンリー』と掲示を出そうと思えば、出せるんだからね。ただ、それを掲げていないだけなんだ。郵便局や役所での順番だって、スーパーのレジだってさ、いちいち、そういう風に書いていなくても、白人優先だろうさ。クロンボは、白人が終わるのを、待っていなくちゃならないんだ。それを道路にも適用しているだけなんだよ。

この町の普通のクロンボなら、当然それくらい知っている筈なんだ。だけど、あのクロンボは、ミシシッピ州の者ではなかったらしい。それで、自分は正しい、信号は青だったと主張しているそうだ。そして、中国人の目撃者がちゃんと見ていた、あの人がきっと証言してくれる、と言い張っている」

「確かに、僕は見ていました。その黒人の言うことは、正しいんです。普通の社会であれば……」

おじいちゃんは、うっかり本心をさらけ出しそうになって、口をつぐんだ。ハインズ氏は黙っていた。代わりに、今度は、ハインズ夫人が口を開いた。

「それでね、ジョージ。私たちとしては、あなたのことが心配なんだよ。警察も市民会議の人たちも、ジョージをなんとか説得してくれるようにと、頼んだそうよ。だけどハインズは、それをジョージに強いることは出来ないと断ったそうよ。今まで白人には、何人にもそいうことはさせてきたんだけどね。ここでは、それが結局、その白人のためになることでもあったわけだから。

だけどハインズは、今度だけはそれは出来ない、日本からの留学生に、それを強いることは出来ないって、断ったそうよ。下手をしたら、国際問題にもなりかねないことだからね。ＫＫＫの人たちは、そういうとこまでは考えないのよ。

それでね、繰り返すけど、ジョージ。あなたが心配なのよ。こうした事件の場合、危険なのは、勿論事件の直接の当事者、つまりクロンボのことだけど、次に危険なのは、その目撃者なのよ。市民会議の人たちは、直接そのようなことはしないけど、ＫＫＫの連中は、何をするか分からないのよ。教育も、教養もない人たちですからね。ここの家にいる限りは、そういうことはさせませんけど」

「僕を殺すってことですか？」

「はっきり言えば、そういうことね。ＫＫＫの連中は、もう何度もそういうことを、繰り返しているんだから」

「おかしな所ですね、ここは」

とおじいちゃんは、それまで我慢していたことを、とうとう言ってしまったよ。

「アメリカのどこに行くかを決めるとき、相当に知識のある人たちが、『ミシシッピ州は今非常に危険だから、絶対に行くな』と言っていたのですが、こういうことだったのですね」

ハインズ夫妻は沈黙していた。これまで、白人絶対優位の原則を守るために、KKKの粗暴なやり方をも黙認してきた、白人市民会議の中心人物であるハインズ氏には、その危険は明白に読み取れたのだ。やがて、彼が口を開いた。

「もう少しの間だけど、とにかく、注意しなければならないね。学校は、妻が車で送り迎えするから、帰ったら絶対に一人では外出しないようにしなければね。電話で呼び出しがあっても、出て行っては駄目だよ」

「はい、そうします。どうもすみません。色々とご迷惑をかけることになりまして」

とおじいちゃんは言い、あまり気の進まない夕食を少しだけ食べて、二階へ戻った。

翌朝は、学校までハインズ夫人が車で送ってくれて、

「授業が終るころきっと来ますから、絶対に歩いては帰らないようにね。お友達と一緒

でも駄目よ」

と念を押して帰った。

学校にいる間は安全、というわけでもなかった。ユダヤ人の娘の爆発事件は、学校で起こったのだから。学校には上流から下層まで、中国人を含めてすべての階級の子供がいるのだ。公立であまり金がかからないし、入りたい子はほとんど入れるのだから、経済的に見ても、知能的に見ても、極めて広範囲の家庭から通っている。市民会議のメンバーの子供も、ＫＫＫのメンバーの子供も、勿論多数いるのだから、気をつけなければならない。

昨日の出来事は、みんな知っているようだった。でも、誰も何とも言わなかった。それがかえって不気味だった。ひょっとしたら、あの重傷を負った白人の子供も通っているのかも知れないのだ。一日が非常に長く感じられたよ。ようやく最後の授業が終わった。

「一緒に帰ろうか?」と言う友達もいたけど、「ハインズさんの奥さんが、迎えに来てくれるから」と言って断った。でも、そう言ってもらうだけで、心がなごんだ。

いつもより早めに学生玄関から出ると、ハインズ夫人の車が、もう停まっているのが見えた。おじいちゃんを見つけたらしく、車はすぐこちらに動いて来た。

「たった今着いたところなの。丁度よかったわ。どこか寄りたい所ある?」

と彼女は尋ね、

「いいえ、ありません。どうもすみません」

とおじいちゃんは答え、車はすぐ学校を後にした。

家に着き二階に上がると、まもなく階下からハインズ夫人の声がして、電話だと伝えた。

「イタリアン・レストランからよ。知ってるの？」

「ええ、少し。二、三度あそこで食べたことがあるんです」

「出ておいでと言っても、断るのよ。もし、どうしても行かなければならない時には、私が送って行きますからね。あのレストランから電話なんて、初めてよ」

「はい。どうもすみません」

と言って、おじいちゃんは電話に出た。

レストランのマスターは、

「実はね、昨日の晩、玉突き場に行ったんだよ。そしたらね。重傷を負った奴の仲間の連中が来ていて、何か色々と話をしていたよ。勿論あいつらは、ＫＫＫのメンバーさ。『今度の場合は、目撃者が日本人の高校生で、クロンボや公民権活動家とも全く関係がないし、それに、ハインズ氏のところにいるから、かえってすごくやりずらいな』と話していた。やりずらいと言うのは、勿論、殺しにくいと言うことなんだよ。だから、しばらくの間は、よくよく注意しなければ駄目だよ。何かあったら、電話するようにね。じゃ」

と言って、電話を切った。

「何だって？　例のことに関係したこと？」

とハインズ夫人は聞いた。

「ええ。玉突き場で、重傷者の仲間のような人たちが、僕のことを話していたから、注意するようにと教えてくれたんです」

「そう？　親切ね。とにかく注意することね」

とハインズ夫人は言った。


数週間ハインズ夫人の送り迎えが続くうちに五月は終わり、六月に入って、おじいちゃんは無事卒業することが出来た。卒業式にはハインズ夫妻が来てくれて、きみも映画やテレビでもうよく見ているような、アメリカの卒業式の格好をしたんだよ。

勉強のよく出来たユダヤ人の衣料品店の子ともう一人は、東部のアイビー・リーグの大学へ行くことになったけど、大半の者はミシシッピ州内の大学へ落ち着いた。先生方もハインズ夫妻も、是非ミシシッピ大学に入るようにと勧めてくれたけど、おじいちゃんは気が進まなかった。帰って日本の大学に入ろうと決めていた。

あの交通事故のことは、結局その後何事も起こらなかった。黒人はしばらく警察に留めて置かれたけど、罪人になることもなく、そのまま釈放されて、ＫＫＫのリンチに合うこともなく、家に帰れたそうだ。ＫＫＫでも、今回は致し方なく、見逃すことに決めたらしかった。ここで、これまでに起こった、白黒衝突事故の結果としては、初めてくらいの稀なケースだったたって。その決着についてはあの後で、イタリアン・レストランのマスターが電話で教えてくれたんだ。

十四

八月に入って、酷暑はさらに度を増していたけど、おじいちゃんは、もうその暑さは、耐えられないものではなくなっていた。一年経って、おじいちゃんの体は、もうすっかりデルタの暑さに順応してきているようだった。去年来た時には、もう死ぬと思ったほどの暑さも、不思議なもので、奇妙なほど体になじんでしまったようだった。湿気の多い、けだるいデルタの熱気が、何か心地よいものに感じられるほどだった。昼間はバイユーの辺りや町の近くの綿畑を散策し、夜は日本から持ってきた、大学受験の参考書を見て過ごした。

ある夕食後のひととき、ハインズ氏が言った。

「ジョージ。もうあと少しになったけど、ミシシッピ州内でどこか行きたい所はないかい？　ヴィックスバーグとか、ナチェズとか、メキシコ湾岸とか、どこでも良いけどね」と言った。

ヴィックスバーグとナチェズは、ミシシッピ川沿いの町で、前者は南北戦争の激戦地として、後者は綿の大農園主たちの大邸宅の町としてあの辺では有名なんだ。メキシコ湾岸は、内陸の農業州であるミシシッピ州には珍しい、海岸の保養地帯だった。みんなこの州の人たちの誇りの場所なのさ。

だけど、おじいちゃんが行きたいと思っていた場所は、他にあったんだ。日本の英語の先生が言っていたオックスフォードという丘の町さ。そこは、フォークナーというノーベル賞作家が生活していた場所だということは、英語の先生から聞いていたけど、そこには、オール・ミスという愛称でこの州の人たちが誇りにしている州立のミシシッピ大学があることは、ここに来てから知ったんだけどね。

前にちょっと話したけど、去年、ここに着いて約三週間後の九月の末、そこですごい事件が起こったんだ。あの頃は来たばかりで、何がなんだか分からなかったんだけど、白人の牙城だったこの大学に入学しようとした、メレディスという黒人学生を阻止しようとして、この大学のキャンパスで、数名の死者と、数百名の負傷者を出した、「オックスフォードの戦い」と言われる事件がね。

それは、結局、ケネディ大統領の派遣した連邦軍によって鎮圧されて、黒人学生メレディスは入学して、今年の五月に無事卒業できたのさ。この事件は、人種差別の権化の場所としてミシシッピ州の名を、全世界に轟かしたんだ。文学にあまり興味のなかったおじいちゃんにとっては、フォークナーの生活した町としてよりも、黒人を阻止する南部白人の牙城としての、その大学の存在を確認しておきたかったんだよ。

「僕は出来たら、オックスフォードに行ってみたいのですが。ノーベル文学賞のフォークナーの家のある所なそうですし、州で一番の大学の所在地と聞いておりますので」

とおじいちゃんは言った。

おじいちゃんもデルタで一年暮らす間に、もうその頃には、南部の人種差別の権化のような白人と、調子を合わせる生活の知恵を身につけていたんだね。衝突事件の目撃者のときだけは、どうしても譲れなかったけどさ。

すると、ハインズ夫妻の眼は、燦然と輝いたのさ。

「ああ、それならお安い御用だよ。行こう。行こう。あそこは、我々二人と娘の母校なんだよ」

とハインズ氏は言った。夫人も、

「そうね。行きましょうよ。久しぶりだわ。スージーの卒業式に行ったのが最後だから、もう五年行ってない筈よ」

話は調子よく進み、次の週末にハインズ氏の休日を利用して、車で行くことになった。グレイハウンド・バスとコンティネンタル・トレイルウエイ・バスを乗り継いでも行けたけど、それで行くとすると、メンフィスを経由しなければならず、相当迂回することになるのだった。そして長距離バスは当時すでに、ハインズ夫妻の身分の者の乗り物ではなかったしね。

八月下旬の土曜日の朝、ハインズ夫妻とおじいちゃんは、コトンタウンを出て五十マイルほどデルタを北上し、右に折れて東方に三十マイルほど走った。北上している間は、ほとんど全て綿畑だったけど、右折してしばらくすると、様相は一変して、綿畑はほとんど姿を消し、起伏する赤土の広がりと、森林の点在が目立つようになった。

「デルタを出て、丘の地方に入ったのよ」とハインズ夫人が言った。「デルタと丘とでは、風景も人間の気質も、随分違うのよ。クロンボも少ないしね」

オックスフォードの町は、コトンタウンより小さめだが、州で一位の大学の所在地だけに、ミシシッピ州の田舎にしては、整った感じの町だった。着いてすぐ、町外れの鬱蒼とした木立の中にあるフォークナーの家を見て、帰ってから英語の先生に見せるための写真を、縦、横、斜めからたくさん撮った。

ハインズ夫妻は、言葉少なだった。二人とも、あまり好きな作家ではないようだった。

「変わった男さ。ノーベル賞を取る代償に、ミシシッピ州を全世界に売り飛ばした奴だからな」

とハインズ氏は言った。

「あんなに汚く書かなくても、良かったでしょうにね。もっと綺麗な書き方が、出来なかったんでしょうか？　私たちの大切なミシシッピ州を、台無しにしちゃって」

とハインズ夫人は言った。

フォークナーの小説を、まだほとんど読んでいなかったおじいちゃんには、何のことかよく分からなかった。ただ、ノーベル文学賞を貰うのだから、すごい作家なのだろう、と思っていたんだ。だけど、特殊なこの土地のことだから、彼らには彼らなりの考え方があるのだろうとね。

アメリカに来てから、学校の図書室で少しだけ読みかけたことがあるんだけど、とても歯が立たなかった。すごく難しくて、何を書いているのか、全然分からなかった。ハインズ夫妻の言っていることが、どういうことなのか、いつか分かりたいと思った。

フォークナーの家を切り上げて、ダウンタウンを見て歩いた。土曜の午後だったので、ラファイエット郡の郡庁舎の辺りは、出店などが出て賑わっていた。白人も黒人もいたけど、圧倒的に白人の数が多いようだった。ハインズ夫妻に聞くと、白黒の割合は、コトンタウンとは丁度反対ぐらいだろうとの話だった。

「クロンボの数が、せめて、ここくらいならいいんだけどな」とハインズ氏は言った。

「デルタにクロンボの必要な時代は、もう終わったんだから」

「そうね。デルタから丘に来ると、まるでアフリカからヨーロッパに行ったような感じで、ほっとするわ。公民権だなんて言っている、文句のあるクロンボなんか、さっさとデルタから出て行けばいいのにね」

その夜は、ダウンタウンにあるホリデー・インに泊まった。もちろん、「ホワイト・オンリー」だったけど、全国チェーンのこのモテルにとっては、ここでの人種差別は、矛盾を含んだもののようだった。

翌日の朝食後、一マイルほど西に離れた所にある、ミシシッピ大学のキャンパスを訪れた。ミシシッピ州で最高のレベルを誇る大学だけに、さすがに広大なキャンパスだった。

そのあちらこちらに散在する建物は、日本の大学の建物と比べて、それほど大きくはなかったけど、創立が南北戦争よりかなり前という歴史の重みを、何かしら感じさせるものがあった。

ハインズ夫妻は、色々な建物や木々を指さしながら、あれこれと多くのことを説明してくれたけど、おじいちゃんの最大の関心は、去年メレディスという黒人学生の入学に際して、いわゆる「オックスフォードの戦い」がおこなわれたという、中心的な建物の周辺だった。その建物は、去年何度もテレビに写ったし、新聞にも載ったので、おじいちゃんにもすぐ分かった。

「あれが、ライセアム・ビルディングですか？」

とおじいちゃんは聞いた。

「そうだよ。よく名前を知ってるね」

とハインズ氏は言った。

おじいちゃんは、ただ、

「ええ」

とだけ言った。

ハインズ夫妻の顔が曇るのが、見て取れた。みんなお互いに、相手が去年の事件を思い出しているのだと知っていた。

「ここにクロンボが入るなんて、許せない」

とハインズ氏は言った。

「そうよ。クロンボの大学は、いくつもあるんだし、デルタにだって、州立の立派なのを作ってやってるのに、何が不満なんだろう？」

とハインズ夫人は言った。

コトンタウンを東に二十マイルほどの、イッタ・ベナという町に、新しい州立の黒人大学ができたことは、学校で聞いていた。

日曜だったので、大抵の建物は閉じているようだったけど、学生会館だけは開いていた。大部分の学生は、キャンパス内の寮で生活しているので、彼らに食事を出すのが、主な目的のようだった。まだ昼食には間がある時刻だったけど、数人の学生が食事をしていた。もちろん全員白人だった。だけど、働いているのは、レジ以外は全員黒人だった。我々もテーブルに座り、コールド・ドリンクを飲んだ。

「去年騒動を起こしたクロンボは、もう卒業したそうだ。必要な単位は黒んぼ大学でとっていたから、一年だけでよかったんだ。彼はただ、白人の世界を壊しに来ただけなんだ」

とハインズ氏は言った。

「だから、このキャンパスには、今はクロンボはいないいんだ」

働いている黒人は、人間でないようだった。

「でも、来月になったら、きっとまた別のが入って来るでしょうよ。いやな話ね。私たちの母校が、クロンボの母校になるだなんて」

ハインズ夫人は、吐き捨てるように言った。

少し休んでから、もう一度キャンパスを回った。始めは平坦だと思っていたが、かなり起伏があった。ずっとはずれの木陰に、古びた記念碑のようなものがあった。判読しにくい文字を読もうとしていると、ハインズ氏が、それは南北戦争で戦死した先輩たちの記念碑だと教えてくれた。ハインズ夫妻は、もう多くを語らずに、じーっと感慨にひたっているようだった。彼らにとって、過去はまだ生きているようだった。

キャンパスを去ってから、町の周辺を一巡して州道に出た。帰りは、来た道とは異なった、丘の地帯を逆に大回りしてから、デルタに入るコースを辿った。大きな綿畑はほとんどなく、起伏する森林や荒地や牧草地がほとんどだった。時折見かける作物も、綿でないことが多かった。デルタの綿畑の至る所で見かける、小さな黒人の小屋も少なく、見かける人たちも白人が多かった。

十五

もう帰国まで、一週間足らずだった。相変わらず終日暑かったけど、暑いことはもういやなことではなくなっていた。おじいちゃんは毎日カメラを持って、町や周辺の風景を撮って歩いた。イタリアン・レストランやユダヤ人のスーパーへの挨拶も終わった。中国人やユダヤ人の友達の所へも行った。中国人の友達は、この間行って来たミシシッピ大学へ入るのが決まっていた。

「本当は州外の大学、出来れば東部か西部の大学に行きたいんだけど、お金がかかるから、卒業してから出ることにしたんだ」

と彼は言った。

ユダヤ人の衣料品店の息子は、東部の名門プリンストン大学へ行くのが決まっていた。勉強は常に学年で一位だったから、デルタでも当然のコースだった。

「東部へ行くと、ユダヤ人が一杯いるから、気楽なんだ。ここのように、何をしても監視されているような感じからも開放されて、嬉しいよ」

と言った。

数学を教えてやっていた三人の友達は、この間、果物や飲み物をたくさん抱えて、遊びに来ていた。三人とも州内の大学に入るのが決まっていた。行き先は、それぞれデルタ大学、ミシシッピ大学とよく間違えられるミシシッピ州立大学、南ミシシッピ大学だった。彼らはみんな、親の後をついで、大学卒業後もデルタに留まる希望らしかった。

だけど、食べたり飲んだりして話し合っていると、すごく無邪気で、彼らが人種差別の権化の白人たちの子供であることなど、到底信じられなかったよ。

ハインズ夫妻は、来た時と同様、数軒の上層の家に挨拶に連れて行ってくれたけど、そのどこも、おじいちゃんが本当に行きたい家とは食い違っていて、およそ儀礼的なものに過ぎなかった。

メアリーには、彼女が辞めさせられてからは、会っていなかったんだ。もう一度どうしても会っておきたかったけど、住所が分からなかった。ハインズ夫妻に聞くわけにもいかないし、思案した結果、あのいつかの黒人弁護士に聞くことにした。

ダウンタウンの端にある、例のただ一つの黒人の建物の二階への階段を上がり、ノックしてドアを開けた。奥の弁護士がすぐこちらを見て、満面に笑みを浮かべて、カウンターに出て来た。そして、おじいちゃんが口を開くより先に向こうから、

「この間の衝突事故のときは、黒人を助けてくれて、有り難う」

と言った。

「いいえ。どう致しまして。僕は見た通りのことを、言っただけですから」

「いや。それがここでは、とても大変なことなんだよ。真実が認められるってことがね。黒人にとってはね」

「驚きですね」

「助かったんだ。あの時には。私としては、どうしようもなかったのさ。あの黒人の身内からは、何とかしてくれと、泣いて頼まれたけどね。このダウンタウンに事務所を構えていて、表向きは立派な弁護士なんだけど、仕事の中身はあくまで、黒人同士のトラブルに限られるんだ。白人と黒人との間のトラブルに関しては、黒人弁護士は、全く無力なんだよ。情けない話だけどね」

「そうなんですか?」

「そうなんだよ。だから、あんたの証言が、絶大な価値を持っていたわけさ。あんたがあのように証言してくれなかったら、あの男は、よくても犯罪者になって、パーチマン刑務所に送られたろうし、最悪の場合は、リンチにかけられて、殺されていただろうからね。我々は、いくつもそういう例を見てきたからね」

「本当にひどい所ですね、ここは」

「そう。ひどい所なんだよ。南アフリカと同じさ。だから、今になって、猛烈に騒ぎ出したのさ。それに対して、白人の反撃が、さらに激しくなっているのさ。とにかく、あんたには、感謝するよ。危機一髪で、難を逃れたあの男だって、あんたにどれだけ感謝しているか分からないんだ。あんたに会ったら、お礼を言っておいてくれと頼まれていたんだけど、ハインズさんの家にお礼の電話をかけるわけにもいかなくて、ついそのままにしてしまったんだよ。手紙でも何となく分かるしね」

「そんなに感謝して貰わなくてもいいんです。事実を述べただけですから」

「いや、いや、本当にどうも有り難う」

黒人弁護士の言葉に合わせるように、二人の女性事務員も立ち上がり、最敬礼した。

「ところで、今日は何か用事があるの？」

「ええ。実は、もう少しで、日本に帰りますから、そのご挨拶をしたかったのと、メアリーの家の住所をお聞きしたかったんです」

「ああ、そうかい？　それはすぐ分かるけど、あんたがあの辺りを一人で歩いて行って、あちこち探すのは大変だよ。それに、黒人住宅地が特別危険ということもないけど、今どきだから、黒人に見られても、白人に見られても、あまり良くないんだよ。もし良かったら、今は丁度あいているから、車で連れて行ってやるよ。メアリーはどこかで働いているだろうから、多分いないと思うけど、どこかで手がかりはつかめるさ」

「どうもすみません。それではお願いします。それから、前に、僕らの高校の用務員をしていたおじさんの家にも寄ってほしいんですが」

「ああ、彼の家かい？　近くだったんだけど、もう彼はその家にはいないよ。メンフィスへ引っ越したんだよ。結局、家族全部でね。用務員を辞めさせられて、ここにいては、金を稼ぐことが出来なくなったからね」

「そうですか？　それではあきらめます。あの人とは、学校でよくお話して、他人には思えなかったものですから、さようならを言おうと思ったんです」

弁護士はうなずきながら入り口へ出て、おじいちゃんを後部座席に乗せ、黒人住宅地へ向かった。去年この町に来たばかりの頃、ざっと一回りしてはいたけど、あれからずっと白人住宅地に住み慣れた眼で、改めて見回すと、そのみすぼらしさは驚きだった。黒人住宅地の数少ない舗装されたメーン・ストリートから脇道へそれ、何度か角を曲がって車は停まった。

粗末な家ではあったけど、それなりにきちんとした一戸建てだった。弁護士が先に進んでブザーを押し、名を告げると、十歳くらいの少女が現われ、ドアを開けた。以前に来たことがあったので、知っていたようで、にっこり笑ったけど、おじいちゃんを見ると顔を曇らせた。「家の人は誰もいないの？」

と弁護士は聞いた。

「ええ。みんな働きに行ってます」

「どこへ？」

「父ちゃんはずっとメンフィスへ行ってます。母ちゃんは葬儀屋さんへ。姉ちゃんはニューオーリンズです」

「へえー。姉ちゃんニューオーリンズへ行ってるの？　何してるの？」

「よく分からないけど、チキン工場で、大変らしいです。でも、お金はたくさんもらえるからいいんだって言ってました。もう明日帰って来ます」

「そうかい？　バスで帰って来るの？」

「そうだと思います。いつもバスですから」

「いや、この人は、ハインズさんの家にいる日本人の留学生なんだけど、もう少しで日本に帰るから、姉ちゃんに会いたいんだって」

妹はおじいちゃんの方を見て、初めて微笑んだ。

「それなら、明日バスターミナルに行ったら、きっと会えると思います」

「そう？　どうも有り難う。じゃあね」

と弁護士が言い、おじいちゃんが礼をすると、妹はまたにっこり笑って頭を下げた。メアリーから話を聞いていて、悪い感情を持っていないのが感じられた。

弁護士とおじいちゃんはすぐダウンタウンに戻った。白人も黒人も歩いていたけど、おじいちゃんは黒人の建物の前で、お礼と最後の別れを言った。弁護士は、

「あんたが黒人にしてくれたことに対して、同じ黒人として、百万分の一でもお礼が出来たのが嬉しいよ。あの男にもそう言っておくよ。きっと喜ぶよ」

と言って、大きな黒い手を差し出した。おじいちゃんはためらわずに握手して、デルタの厳しい掟を破った。キョロキョロ辺りを見回すこともしなかった。おかしな所だ、ここは。誰に見られてもいいんだ。もうすぐ日本に帰れるんだから、とおじいちゃんは思った。

ニューオーリンズからコトンタウンに来る直通バスはなく、州都のジャクソンかどこかで、メンフィス行きに乗り換えて来る筈だった。とにかく、南から来てコトンタウンを通るグレイ・ハウンド・バスは、昼前と真夜中の二本しかなかった。真夜中に車で出迎えてくれる人のいないメアリーにとっては、昼前の便で来るに決まってるとおじいちゃんは考えたんだ。

それで、翌日おじいちゃんは、バスが着く時刻よりも大分前に、ターミナルに行って待っていた。アメリカのバスは、日本のように正確ではなく、遅れる場合はまだ許せるんだけど、早く着いて、早く行ってしまう恐れもあったからね。

バスの人種差別は、南部でも次第に廃止されてきていたんだけど、デルタではどこでもまだ依然として続いていたんだ。待合室はもちろん別々で、車内では白人が前、黒人は後ろだった。

おじいちゃんは当然、「ホワイト」の待合室で待っていた。そこには白人は数人しかおらず、「ブラック」の方は混雑しているようだった。差別撤廃の傾向が激しくなるにつれて、白人は可能な限り自家用車を使って、バスに乗るのを避けたので、今やバスは実質的に、黒人用になりつつあったんだよ。

定刻より少し遅れて、メンフィス行きのバスは到着した。白人一人と七、八人の黒人が降り、果たして最後にメアリーが現われた。彼女は荷物を受け取って「ブラック」の待合室に入ろうとした。かなりの距離をおいて見守っていたおじいちゃんは、追いかけて呼び止めた。

「メアリー。お帰り」

彼女はびっくりして、振り向いた。

「あら、しばらくね。メンフィスへ行くの？」

「いや。きみに会いに来たんだ。昨日きみの家に行って、妹さんから今日帰って来るって聞いたものだから」

「あら。そうだったの？　何かあったの？」

「いや。もうすぐ日本に帰るから、お別れを言いたかったのさ」

「あら。それはどうも有り難う。帰るの？」

「うん。やっぱり帰るよ」

二人はちょっと困っていた。真昼のことで日照りはすごく、このままここで話し続けるのは辛かったけど、どちらの待合室に入るわけにもいかなかった。ダウンタウンに行ったところで、二人で話し合える場所は、ありそうになかった。公園だって駄目だった。二人で辺りを見回して、結局、五十メートルくらい離れた所にある、大きなマグノリアの木陰の草原を見つけて、そこに腰を下ろした。

「チキン工場で働いていたんだって？」

「ええ。大変だったわ。でも、給料が良かったから。ここらでは、もう全然仕事が出来ないし、ニューオーリンズでも、ウエイトレスなんかより、ずっと高かったからね」

「そう？　トゥガルー大学の方はどうだったの？」

「お蔭様で、決まったわ。全額支給の奨学金で行けることになったの。ラッキーだったわ。でも、それ以外に、何かとかかるでしょう？　それを稼いでいたの」

「そう？　それは良かったね。目標を達成出来て」

「ええ。一応はね。今後どうなるかは、よく分からないけど、今のところ卒業したら、州外に出ようと思ってるの」

「その方がいいよ。ここは到底、容易には変わらないだろうからね。僕は日本へ帰って、日本の大学に行くんだ。この間、ハインズ夫妻に連れて行ってもらって、ミシシッピ大学を見て来たよ。あの人たちは、あそこに入るように、盛んに勧めてくれたけど、そして、高校の先生たちにも勧められたんだけど、この間行って見て、改めて僕の行くところじゃないって感じたんだ。あの人たちが誇りにしている伝統の重みは、南部の人種差別の現状そのものだし、僕の求めているものとはおよそ異なるのを、改めて感じたんだ。

僕がもしアメリカの大学に行くとしたら、やはり、東部や西部の大学だと思うよ。日本から留学するとき、『どうして南部なんかに行くの？』と言う人がいたけど、その理由が、僕は一年の経験で、理解出来たように思うんだ。変な話だけど、それを言った人以上にね。でも僕は、ここで、随分多くのことを学んだよ。ここに来なかったら、絶対に分からないような多くのことをね。きみに会えたことも、その一つさ。感謝するよ。有り難う」

「あら、私の方こそ、とても感謝しているわ。あなたに白人高校のテストをしてもらって、すごく自信がついたんですもの。あれで、絶対にトゥガルー大学に行こうって決めたの。頑張るわ。先生方は、すごく力のある北部の白人が多いという話だから」

「それは良かったね。頑張ってね。僕も日本へ帰って頑張るよ。じゃ、もうお別れしよう。元気でね」

「あなたもお元気で。色々と有り難う」

二人はそこで別れた。おじいちゃんはほっとした。そして、ミシシッピでの生活が今やっと終わったと感じたんだ。そして、その翌日ワシントン大行進が実施されて、きみの貸してくれた教科書の最後の課の、キング牧師の有名な「私には夢がある」の演説がワシントンで行なわれたのさ。

十六

とうとうおじいちゃんが日本へ帰る日が、やって来てしまった。来たときと同じように、ハインズ夫妻が車でメンフィス空港まで送ってくれた。ハイウエイの両側には、去年来たときと同じように、小さな無数の丸莢《まるさや》をつけた綿が、ずーっと限りなく並んでいた。あとひと月たったら、丸莢が割れて一面真っ白な綿畑に変わっていることだろう。もうお互いに話すこともなく、ほとんど景色ばかり眺めていた。

メンフィス空港で握手をしたり、抱き合ったりして別れるとき、おじいちゃんはもうほとんど泣いていた。涙がどうしようもなく流れてきた。ハインズ夫妻も同じようだった。一週間でなく、一年間も一緒にいたんだからね。日曜日の夜に、どこかのテレビ局でやっている、「世界うるるん滞在記」の別れの場面みたいにね。NHK一辺倒のおじいちゃんでも、あの番組だけは毎週絶対に見ているんだ。別れてから、ただ呆然として長い通路を搭乗口へと歩いて行ったのを覚えているよ。

　でも、人種差別の権化みたいな人たちと、別れを惜しんで泣くなんて、どういうことなんだろう？　メアリーや用務員のおじさん、郵便局でいつまでも待たされていた黒人たちに対する裏切りじゃないか？　そして、ハインズ夫妻にしたってさ！　アジアの旧敵国から来た黄色い少年に対して、どうしてあんなに親切だったんだ？　高度成長の道を歩み始めていた日本の経済力に対する、南部の経済人の損得勘定だけとはとても思われないよ。

　そう考えたのは、飛行機がオザーク台地の上を旋回して、ダラスへと向かい、興奮が覚めてきた頃だったよ。黒人とは触れることはもちろん、見るだけでも嫌悪感を抱く人たち。おじいちゃんよりずっと色の白い黒人は沢山いるのに！　おじいちゃんにはこれだけ親切にしてくれながら、黒人はいくら死んでも構わないという人たちなのだからね。彼らの親切と差別は今でも絶対に分からないよ。

　日本を発つときには想像もしなかったほど、多様なことを経験した一年だったよ。アメリカの高校で勉強した、いわゆる学習などは、実際全然たいしたことではなかった。日本で言う学力という点からすれば、おそらくプラスではなかった。あのまま日本の高校にいて、ストレートに大学に入った方が、ずっと得だったと思う。だけど、あの時にはよく分からなかったけど、六十年代の前半に、あの公民権運動の渦中にあったミシシッピ州の田舎町で体験したことは、すごく特異な、貴重なことのように思えるんだ。

みんながあのとき勧めたように、東部や西部の高校に留学していたら、おそらくただ学校に通って、たまに白人の家庭に招かれたり、パーティーなどを経験するといった、それまで日本で見ていたアメリカ映画に描かれていた、繁栄するアメリカの白人たちの、およそ文字通り黒人たちとは隔絶した郊外生活を、ただだらだらと繰り返して時を過ごしていたのではないだろうか？　黒人などとは接触することもなく、見かけたらただ恐ろしいという印象をぬぐえずに、ただ避け続けたことだろうさ。

また、中国人にしても、カリフォルニアやニューヨークでのように、大勢でたむろしているのではなく、最果ての深南部の、白人と黒人との厳しい人種関係のはざまで、たくましく生活する、いわゆる「ミシシッピ・チャイニーズ」と呼ばれる人たちを知ることもなく、アメリカ映画で見たようなアメリカを、アメリカとして体験して帰ることになっただけではなかったろうか？

人口一万五〇〇〇人の町で、そのうち一万人いる黒人が、文字通り下三分の二の生活を強いられて、選挙権もなく、平等を主張するためには、自分の生活だけでなく、命をも犠牲にしなければならない地域が、あの繁栄を誇っていたアメリカに存在するということを知ることもなく、時折日本のテレビや新聞に小さく出るそうした事件を、自分とは全く関係のない、よその世界の出来事として、おそらく、アメリカにとってさえも異常な、いまわしい出来事だろうと、見過ごしてしまったのではなかったろうか？

しかし、おじいちゃんがそのように感じたのは、やはり自分がアジアの国から行った黄色人種であったからなのだろうか？　ヨーロッパの白人の国から行った白人の高校生であったら、あのような、黒人に対する差別の矛盾は、感じなかったのだろうか？　それは永遠に分からない疑問になってしまったよ。

日本を発つ前に英語の先生が、「南部へ行っても、英語はあまりうまくならないかも知れない」と言っていたように、話す能力はあまりつかなかったよ。だけど、これは性格的なもので、東部や西部へ行っても、同じだったのではないかな。だって、南部方言をうまく話せるようになったのでもないからね。

でも、聞いたことを、アバウトで理解する能力は、十分についたような気がした。かえって聞きづらい南部方言の方が、それに役立ったのではないだろうか？　だって、たまに東部や西部のアメリカ人の話すのを聞くと、すごく聞き取りやすくなっていたんだから。おじいちゃんは日本へ帰って高三に戻り、一年下の人たちと一緒に翌年大学に入ったんだ。

地理の先生に言われていた綿の観察は、十分過ぎるほどしたよ。退屈すればいつでも、綿畑に行ってたからね。いくら大きくても、人間の背の高さを超えて成長したって、それは真っ白な綿を咲かせてから、茶色になって枯れていくんだ。帰ってから先生に話したら、「やっぱり、そうだろうさ」と威張っていた。でも、安心したみたいだった。綿は一年間見続けたけど、その姿はどの季節も美しくて、見飽きることがなかったよ。

実は、おじいちゃんは今年すべての仕事から解放されたのを機会に、約半世紀ぶりにミシシッピのあの町に行って来たんだよ。変わっていたかって聞きたいだろうさ。そう。確かに変わっていたよ。日本の町だって、半世紀前とは相当変わったからね。だけど、変わらない部分はやっぱり変わっていない。それは、建物とか、服装とか、外見だけを言っているんじゃないんだよ。社会的な、心理的なことを言っているんだ。

法律的な人種差別は、おじいちゃんが日本へ帰ってから数年後になくなったんだ。黒人の大人は選挙権を獲得したし、子供たちは白人と同じ学校へ行けるようになったんだ。じゃ、平等になったんだねって言われると、うーん。それは非常に微妙だね。確かに法律的には平等になった。でも、変わらないところは、依然として変わらないんだ。一言では話せない、複雑な問題なんだ。そのことは今度話そうね。大学受験頑張るんだよ。じゃあね。

デルタにいた人

ミシシッピ・デルタは、メンフィスのピーボディ・ホテルのロビーから始まり、ヴィックスバーグのナマズ通りで終わる

デヴィッド・コーン

一

アメリカのミシシッピ州北西部に、南北二〇〇マイル、東西七〇マイルに広がる、ダイヤモンドの形をした、平坦で肥沃なミシシッピ・デルタがある。この地方の人たちは、ここを単にデルタと呼んでいる。

一九六三（昭和三八）年の九月末、啓介はテネシー州西南端の都市メンフィスから、ミシシッピ州中西部の町、ヴィックスバーグへと向かうグレイハウンド・バスに乗った。これは、このデルタを北の端から南の端まで、文字通り縦断して走るバスである。

もう夕暮れ時だった。バスはしばらくの間、メンフィス市内と郊外をゆっくり走っていたが、人家が次第にまばらになると、スピードを上げた。やがてミシシッピ州に入ることを示す掲示が現われるや、人家は完全に姿を消し、両側に、茫々千里、果てしなく続く綿畑が展開した。

本の挿絵や写真で見たものなど、とても比較にならない、文字通り白一色の世界の出現に、啓介は自分が一番前の席に座ったことも忘れて、半ば立ち上がり、頭を左右に動かして、夕日の最後の残光に映えるその光景に、呆然と見入った。デルタに入ったのだ、と彼は思った。南部の急速な工業化と農業の多角化によって、綿はその時、すでにミシシッピ州からも急速に姿を消しつつあったが、ここデルタだけは、依然として「綿が王様」の場所だった。

夕闇がせまり、窓から外の光景がほとんど見えなくなって初めて啓介は、浮かせていた腰を座席におろし、バスの中を眺めまわした。タクシーの運転手などとは異なり、グレイハウンド・バスの運転手の地位は、非常に高いと聞いていたように、このバスの運転手はもちろん白人だった。しかし、乗客は、外の綿の白さとは対照的に、彼のほかは全員黒人で、後ろの方に固まっているようだった。

メンフィスで乗る時は、意識もせずにドアのすぐ近くの空席に座ったのだったが、そこは白人用に取っておかれている席のようであった。日本を出る前に、アメリカ滞在の経験者から、「どこへ行っても、白人として行動すればよい」と言われていたのだが、なんとも座り心地の悪い感じだった。黒人たちは、がやがや話しながら、啓介をもの珍しげに見ているようであった。

バスはときどき停まり、乗客を乗り降りさせながら約四時間走って、デルタのほぼ中央に位置するコトンタウンに着いた。かなりの乗客が降り、わずかの乗客をさらに乗せて、バスは南下して行った。そのまま歩いて家に向かう人や、迎えに来ていた家人の車に乗り込む人もいたが、かなりの数の人たちが、どやどやとバスの駅に入った。バスで終わらなかった話の続きを、もう少し待合室でしようとしているようだった。

啓介もそのあとについて入ろうとしたとき、

「アナタノイリクチハ、ハンタイガワデスヨ」

と言う声がした。ぎこちないが、きれいな日本語だった。驚いて振り向くと、身なりのきちんとした、立派な中年の黒人が微笑んでいた。そして、

「ニホンカラコラレタノデスネ。ワタシハベイグンヘイシトシテ、ゴネンカンニホンニオリマシタ。タノシカッタデス。ニホンジンハ、ワタシタチブラックニモ、シンセツニシテクレマシタ。

ハジメノウチハビックリシタヨウデスガ、ナレテクルト、テニサワッテミタリシテ、ゴウマンナホワイトヨリモ、クロイハダノタメニ、カエッテワタシタチニ、シタシミヲモッテクレルヒトサエオリマシタ。

ワタシハニホンニイルアイダダケ、ナンブノホワイトノ『ニクシミノマナザシ』カラノ

ガレラレマシタ。ワタシハココノブラックノショウガッコウデ、オシエテイマス。アナタハリョコウデコラレタノデスカ？」

と続けた。

「私はここの研究所で一年間研究するために来ました。中で座ってお話ししましょう」

と啓介は言った。

「ソレハデキマセン。ワタシハホワイトノマチアイシツニハイレマセン。アナタハブラックノマチアイシツニハイレマセン。ワタシノバアイトハチガイ、アナタハハイレナイコトハナイノデスガ、ソレハアナタノタメニ、ヨイコトデハアリマセン」

「何故ですか？」

と啓介は聞いた。

彼とその黒人が入り口に立って話している様子を、駅の事務室にいる数人の白人の一人が、窓越しに興味深げに眺めているのが見えた。

「ワタシガホワイトノマチアイシツニハイッタラ、アソコニスワッテイルホワイトノジムインニ、オイダサレマス。ソレデモウゴカナカッタラ、スグホアンカンヲヨバレ、ケイムショニイレラレマス。

アナタガブラックノホウニハイッテモ、オイダスコトハシナイデショウ。シカシ、アソコニイルホワイトタチハ、アナタヲマークシマス」

「人種差別のことは色々と日本でも聞いておりましたが、まだそうなのですか？」

「ソウデス。ナンブゼンタイデハ、コウキョウシセツノサベツハ、シダイニナクナッテキテオリマスガ、ココ、デルタデハマダナノデス」

「それでは私の泊まることになっているモテルに行きましょう。この辺りのことを私はまだ全く知りません。色々とお聞きしたいことがあります。コトン・モテルです。この近くでしょう？」

と啓介が言うと、その黒人は笑った。

「アナタガサベツイシキノナイノニハ、ケイフクシマス。デモ、コトン・モテルハコノマチデハ、イチバンレベルノタカイトコロデ、モチロンマダ『ホワイト・オンリー』デス。ワタシガハイレルワケハアリマセン。

デモ、ホウリツテキナジンシュサベツハ、マモナクオワルデショウ。ワタシタチハソノタメニ、サイゴノドリョクヲシテオリマス。ワタシハマークサレテイルノデス」

彼の話し方が次第に落ち着かなくなり、キョロキョロあたりを見回しているように見えた。

「イチネンオラレルノナラ、ソノウチマタオアイスルコトモデキルデショウ。デモ、アナタノホウカラワタシヘハ、チカヅカナイデクダサイ。アナタノアンゼンノタメデス。オシマイニモウヒトツダケ、ワタシノツマハニホンウマレデス」

「えっ、日本人なのですか?」

彼はそれには答えず笑って言った。

「ホッカイドウウマレデス。ソレデハオゲンキデ」

と大きな黒い手を差し出して握手をし、急いで立ち去った。事務室の白人たちは全員それを見ていた。

しかし、その黒人がキョロキョロしていたのは、そのためではないようだった。彼が消えたと反対の方角の、大きなマグノリアの木の下に、太った保安官らしい人間の姿が見えていた。

敗戦からすでに十八年たち、もはや戦後ではなくなった時代とは言え、戦勝国アメリカの退役軍人が享受出来ないアメリカの一級市民の権利を、敗戦国日本の一滞在者が享受出来ることを、啓介は素直には喜べなかった。日本の国力に対して信頼を増すというよりは、アメリカという国の行動に対して、不信の念が高まるのを彼は感じた。

啓介は三十二歳で、東北地方のある国立大学の農学部助教授であった。文部省派遣の在外研究員として一年間、コトンタウンにあるミシシッピ州立デルタ農業研究所で、この地域の農業経済を研究することになっていた。日本では、ここは南北戦争に敗れた、後進的な亜熱帯の農業地帯というイメージが強かったので、普通のアメリカ留学とは少し違った感覚で、妻と三歳の男の子、一歳の女の子を妻の実家にあずけての渡米だった。

アメリカ史を専門に研究してきたのではなく、農業を専攻してきた彼にとって、この地域は綿の単作地帯であることと、貧困な黒人小作人が多いということは知っていたが、アメリカ南部でも最も特異な社会機構を持ち、最も厳しい人種差別が行われてきた、特異な場所であるという認識はなかった。

アメリカ大使館にビザの申請に行った時、アメリカ人の担当書記官は初め、彼を疑わしそうに見つめ、なぜそこを留学地として選んだかについて、しつこく質問をした。答えが全く学問的であり、彼がごく素朴な、政治的なことにあまり関心のない学者であることを見てとると、その書記官は次第に表情を和らげ、そこは現在黒人の公民権運動が、非常に激しく闘われている所であり、日本人はほとんどいないから、くれぐれも注意するように、政治的なことには関わらないようにと言って面接を終え、ビザを出した。

何を注意するのか、誰に注意するのかを、もっと聞きたいとも思ったが、話がこじれてビザを取り消されでもしたらおおごとだと思い、口をつぐんだ。自由と平等と民主主義の国を標榜するアメリカとしては、そこは外国人に最も見せたくない恥部なのだと知ったのは、その後のことである。自由世界に権勢を誇り、弱小国に対して理不尽な傲慢さを示すアメリカの態度に、これまで何かしら感じてきた矛盾の根源を、彼はアメリカという国そのものの中に見出すように思った。

コトンタウンの町は人口一万五千人ほどの小さな町だが、コトン郡の郡庁所在地だけにそれなりに品のある町である。中心部は条理整然としており、その中央にはミシシッピ州のほとんどすべての郡庁所在地がそうであるように広場があり、南軍兵士の像が北部をにらんで立っている。そして、そのちょうど反対側、すなわち、南軍兵士の像の背面から真っすぐに通っている道を、一マイルほど行ったところに、この町のシンボル的存在であるミシシッピ州立デルタ農業研究所がある。その起源は一八八〇年と古く、もともとはこの地域の綿産業の発展のために設立されたものだが、現在ではデルタの農業全体の研究を行なっており、その分野に関する限り世界的に知られている。

この通りの周辺に秩序正しく並んだ白いペンキ塗りの家並みが、この町の白人上流階級の居住地域である。車の発達によって今では斜陽になりつつあるが、鉄道の通っているデルタの町に共通するように、鉄道線路が町を、白人居住地域と黒人居住地域に大きく二分している。しかし、これはごく大ざっぱに言ってのことであり、コトンタウンにはこれに加えて、鉄道線路とバイユーという沼のような入り江に囲まれて、第三の地域、すなわち、白黒混住の地域がある。白人下層階級と、黒人上層階級の両方が混じって居住している所である。

啓介はここに滞在するにあたって、文部省にはもちろん研究のテーマを提出していたが、大幅に研究の自由は認められており、帰国してから原稿用紙数枚程度のレポートを提出する義務しか負わされていなかった。それで、この研究所においては、特別の研究者から指導を受けて研究をするというのではなく、小さな部屋を一つだけ借り、ここにある豊富な資料を使わせてもらって、自分の選んだテーマをまとめる予定であった。アメリカに対する特別な義務は全くなく、事前にそのことは研究所にも了承してもらっていた。

着いた日の翌日、モテルのレストランで朝食をすませて、すぐ研究所に挨拶に行った。所長が啓介の研究に直接関係する部門を連れて回ってくれ、みんな好感の持てそうな人たちであったので、ひとまずほっとした。挨拶をした職員は全員白人であり、黒人はすべて用務員か掃除婦か、とにかく作業服を着た肉体労働者のように見えた。ひととおり挨拶を終えて所長室に戻ると、コーヒーを飲みながら所長は言った。

「ここではあなたは勤めるわけではなく、外国からのお客様ですから、どうぞ気軽に自由になさって下さい。あなたの研究に必要なことは、なんなりと言って下さい。出来るだけのことはして差し上げましょう。

ただ一つだけ守って戴きたいことは、黒人とあまり親しくしないことです。もうすでにあなたもご存知のように、現在ここデルタ地帯は、黒人の公民権闘争で荒れています。外国人であるあなたが、それをどのように見られても自由です。しかし、この研究所は州立です。国立ではありません。連邦政府は黒人に権利を与えようとしておりますが、ミシシッピ州政府は反対の立場にあり、白人の立場を擁護し、まだ黒人に権利を与えようとはしておりません。ですから、この研究所におられる限り、あなたもそのことをよくお考えのうえ、行動をしてほしいのです。あなたは、ここでは、特別のこと以外は、全く白人としてあつかわれるのですから」

穏やかな口調ではあったが、南部白人の厳しい人種意識が、ひしひしと伝わってきた。啓介は今思えば、連邦政府の立場にあり、人種的偏見に関係なく、単にアメリカの恥部を外国人に見せたくなかったと思われる、東京のアメリカ大使館員に対して感じたのとは、また異なった感情が生ずるのを覚えた。特別なこととはどういうことなのだろう、と口に出かかったが、

「よく分かりました。きっとお約束いたします。有り難うございました」

と言って所長室を出た。

一週間あまりコトン・モテルに滞在し、朝食はモテルのレストランでとり、研究所に出掛けて資料を探し、昼食と夕食は研究所の中にあるカフェテリアで済まして帰る生活をしていた。しかし、あの黒人が言っていたように、コトン・モテルはこの町で一位にランクづけされている所であり、ここに住まい続けることは、経済的に相当な負担でもあったので、町外れに長期滞在者を格安で泊めてくれるモテルがあることを聞き、そこへ引っ越した。

ランク的には、コトン・モテルよりはるかに低いように見えたが、もちろん「ホワイト・オンリー」のモテルであった。公民権闘争の渦中にあるこの町の白人たちは、外国人や州外からやって来るアメリカ人には、アパートの部屋は貸したがらない傾向にあったので、啓介にとっては幸いなことであった。

ミシシッピ州の至る所で公民権闘争に関連した出来事が起こっており、研究所の職員の関心も、ほとんどそちらの方に向いていることは確かだったが、誰も部外者である啓介に、直接その話をすることはなかった。彼の方も意識的にそれを避けて、ほとんど新聞の報道によってだけ、その知識を得ていた。

しかし、そうしたことに関係なく皆親切であったので、研究は順調に進んでいたが、特別の知識もなくて、このミシシッピ・デルタにやって来た彼にとって意外であったのは、白人と黒人のほかに東洋系の顔つきをした人を、想像していたよりもはるかに多く見かけることであった。カリフォルニアやオレゴン、ワシントンなどの極西部の諸州ならともかく、南部でも最も奥深く入り込んでいるこのデルタで、それは予想外のことであった。

インディアンだろうか？　と彼は思った。チョクトーとかチカソなどという、南部から西部に追いやられた部族の名は、その方面の知識に乏しい彼でも、かすかに知っていた。大半の者は結果的に、西部劇の舞台となった、あの不毛の土地に追いやられたのだが、それでもいくらかの者はここに残った筈だ。彼らはその子孫なのだろうか？

しかし、インディアンが同じモンゴロイドだとしても、彼がアメリカにやって来てから西部や中西部で見たインディアンからは、何となく現在の東洋人とは多少とも違う印象を受けた。恐らく非常に異なった環境で過ごした、長い年月のせいなのだろう。しかし、ここで見かける東洋系の顔は、それとも少し違い、普通の東洋人に非常に似ている感じがする。

研究所では職員は全員白人、労務者は全員黒人であり、東洋系は一人もいなかったので、その善悪に関係なく、非常に明確で分かりやすかったが、町で多数見かける東洋系の顔つきの人間の存在は、何となく気になった。彼らはすれ違っても全く関心を示さないようだし、東京のアメリカ大使館員は、日本人はほとんどいないと言ったのだから、彼らは何者なのだろう？　それで、彼は図書館に資料を探しに行ったついでに、司書助手をしている、高校をでたてのジェイクにそれを聞いてみた。彼がここで色々のことを、最も気安く尋ねることの出来る人間である。

するとジェイクは笑って、

「ああ、彼らですか？　中国人ですよ。デルタにはもとからかなりいるんです」

と言った。そして啓介は次のような事実を知った。

南北戦争終了後の一時期、ミシシッピ・デルタの大農園主たちは、奴隷制の廃止によって労働力の不足に悩み、それを中国人のクーリー的労働者を入れることによっておぎなった。始め彼らは黒人と同様、大農園で小作人として安価な労働力を提供していたのだが、黒人とは異なり、その勤勉さと倹約の美徳によって、極めて短期間のうちにその最低の地位を脱して、黒人相手の食料品店を営むことが出来るようになった。

この辺りで見かける東洋人の多くは彼らの子孫で、デルタ全体では数百人おり、現在では黒人だけではなく、白人相手の食料品店やレストランも多数あって、繁栄しているのだ。そして長い間、黒人並みに扱われてきた彼らは、一九四〇年代半ばになって始めて、白人並みに扱われるようになり、子供を白人学校に通わせることも出来るようになった。

しかし、それはあくまで純粋の中国人夫婦とその子供たちに限られ、黒人女性と結婚または同棲している中国人男性とその混血の子供たちは、黒人としての地位しか認められてはいないのだ。


白人と黒人は雇用者と使用人、主人と召使いの関係以外で接触することは、あり得ないことのようであった。研究所の白人たちも、仕事を命令するとき以外には、黒人と話をしているのを見かけることはなかった。白人も黒人もそれを表面に出さないようにはしていたが、両者の敵対関係が、そのままこの研究所にも入り込んでいるように見えた。ジェイクも黒人とは話をしない方が良いと言っていた。ここは昔から、そして今は特に、白人か黒人かの場所なのだから。東洋系の人間が相当数暮らしていたとしても、彼らはここではその中間ではあり得ないのだ。

極西部で見られるような、アジア系とかオリエンタル系という区分は、ここにはない。白人居住地区で暮らすことを認められ、白人と親密に暮らしていれば白人と見なされ、黒人居住地域に住んで、黒人と深い関係をもって暮らしていれば、黒人と見なされる。所長とジェイクの言ったことは一致しており、自分は白人として受け入れられたのだから、みだりに黒人居住地域をうろついたり、黒人と親しくしては駄目なのだな、と啓介は思った。

ここでは、まだ町の至る所に「ホワイト」と「ブラック」の掲示が目についた。初めのうちは何となく落ち着かず、キョロキョロ辺りを見回しながら入ったトイレやレストランも、ひと月もすると平気になってきた。

そこで出会う白人たちは、目を合わせた瞬間ちょっと驚いたように見えたが、それは見かけない者を見たときの驚きの表情で、最初の日にバスの駅で出会った黒人教師が言っていたような、白人の黒人に対する「憎悪のまなざし」では決してなかった。その驚きの表情はすぐさま笑顔へと変わり、いや、君たちはいいんだよとでも言うように、誰もが「ハロー」と声をかけた。君らは許してやるんだ。だからいい気になって、クロンボなんかに同情して、我々を裏切るんじゃないぞ、とでも言っているようだった。


ダウンタウンは白人居住地域の端にあり、鉄道線路を越えて黒人たちも利用しやすいようになっている。啓介もその辺りは週末ごとに訪れ、もうすっかりその町並みには慣れ親しんだようだった。奥深い南部のこの片田舎の町とは言え、さすがに世界一の富を誇るアメリカにふさわしい、まだ日本にはないような大きなスーパー・マーケットが何軒もあり、豊富に品揃えをしていた。週末は研究所のカフェテリアは利用出来なかったし、特に日曜日はすべてのレストランは休業だったので、土曜日の食料の買いおきは啓介にとっても重要な仕事であった。

何週目かの土曜日の午後、一番大きなスーパーには、白人や黒人など多くの客が入っていた。男の客も勿論いたが、圧倒的に女性の客が多かった。白人の女性は堂々とぶつかって来るように、黒人の女性はうつむき加減によけるようにして、ショッピング・カートを押している。さすがにここは深南部だと啓介は思う。日本のテレビによく映っていたような、東部や西部の黒人の胸を張った態度は、ここでは見られない。

アメリカ大使館で「くれぐれも注意するように」と言われた時、何に注意するのかを聞くことは差し控えたが、黒人が権利獲得の闘争をやっているのだから、当然恐ろしいのは黒人で、注意しなければならないのは黒人なのだと思っていた。だが、ここへ来て日がたつにつれて、実際は逆であり、事件はほとんど白人によって引き起こされ、黒人が白人によって殺されていることが、次第に分かってきた。外国人や州外からやって来るアメリカ人にとって恐ろしいのは、黒人に権利を与えまいとする地元の白人であり、彼らは部外者が黒人の手助けをすることを極度に警戒しているのだ。

ここで会う黒人たちは、男も女もおどおどして、気の毒になるくらいおとなしそうに見える。奴隷制という悪行を長い間実行し、南北戦争後さらに一世紀にわたって、厳しい人種差別を行いながら、罪悪感を感ずることもない、南部白人の持つあの確固たる自信は、一体どこからやってくるのだろうか？　ああ、今度は東洋系の女性が来る。年は三十歳くらいだろうか？　ジェイクの言っていたように、きっと中国人だろう。

女性との距離が五メートルほどになって、お互いの視線が合った時、その女性はハッとしたように見えた。啓介は視線を果物の上に落としながら、通り過ぎようとした。だが、彼はその女性がじーっと彼を見つめているのを意識した。普通は女性の方が先に視線をそらすものだが、その時には彼がそれを先にしたのであった。

白人と黒人が大多数のアメリカで、見知らぬ東洋人同士が出会った時、親しみの表情をあらわす場合と、憎しみの表情をあらわす場合とがある。どちらかと言えば、後者の場合が多いかも知れない。アメリカ社会において、あまり尊重されない自分たちの立場を、相手の黄色い顔によって強烈に意識させられて、憎悪の感情となるのだ。

だが、彼女の場合にはそのどちらでもなかった。明らかにある種の驚きの表情であった。彼女の表情は、この辺りにいる普通の中国人のする、無感動な表情ではなかった。中国人の女性たちは決して驚きの表情をあらわさない。それは異国でたくましく生きることに慣れた華僑たちが、長い年月をかけて養った、物事に動じない態度のあらわれだった。それはまた、人種差別の最も厳しいミシシッピ・デルタの、白人と黒人の狭間にあって、現在のような地位を獲得出来た、ここの中国人にも通ずる生活の知恵であった。

彼女は啓介が果物から、人の流れに眼を転じたときには、すでに通り過ぎていた。日本人だろうか？　初日に駅で出会った黒人教師の言葉が彼の脳裏に浮かんだ。南部でもニューオーリンズやアトランタならともかく、深南部の、しかもさらに奥深いこのデルタの地に、それ以外に日本人の女性がいるとは、とても考えられないのだ。さっきの驚きの表情は、懐かしいような避けたいような、二つの感情が入り交じっていたようだ。自分はここに来てまだ数週間しかたたない。ここに長く住んでいる人間であれば、自分が新参者であることは容易に分かるのだろう。


啓介は翌朝図書館に行くと、ジェイクに聞いた。

「この町には日本人の女の人がいるのかい？」

「僕もよく分からないんだけど、ひょっとしたらいるかも知れないですよ。日本人じゃないかと思うけれども、違うかも知れない。それであなたには言わなかったんですよ。僕らには中国人とか日本人とか韓国人の区別は、つけられないですからね」

「それは僕らだって同じだよ。区別はつけられないよ。何となく感じが違うということくらいしかね。ところでその人はアメリカ人の奥さんかい？」

「ええ。だけどクロンボのね。夫はクロンボの小学校の教師なんです。その男は日本に数年駐留していたという話ですから」

「ああ、あの男性か」

「もう知っているんですか？」

「うん。このあいだバスで着いた時に、話しかけてきたんだよ。日本にいたと言っていた」

「奥さんが日本人だとは言いませんでしたか？」

「はっきりとは言わなかった。だけど、日本生まれだとは言っていた」

「そのうちまた会ったら、きっとはっきり言いますよ。日本で妻を手に入れたことが誇りみたいだというから」

ああ、そうだったのか？　それなら昨日あのスーパーで見かけた女性は、きっと彼の妻なのだ。彼から私のことを聞いていたのだろう。そして、「きっとこの人だわ」と思ったに違いない。

「ですけどね」

とジェイクは言った。

「彼とはあまり親しくしない方がいいですよ」

「ああ」

「クロンボと話をしない方がいいとは、この間も言いましたが、彼の場合にはただそれだけではないんです」

「どういうこと?」

「白人から特別生意気だと思われているんです」

「へえー、そうなのかい?」

と啓介は驚きの声を上げた。そうだったのか? 着いた日の晩、バスの駅の入り口であの黒人と自分が話をするのを、白人の事務員たちが興味深げに見つめていたのは。それに握手さえしたんだから。

「彼はクロンボの学校の教師をしているけれども、公民権闘争の闘士でもあるんです。一般に外国帰りの軍人は生意気なんです。日本やドイツなどの敗戦国で、戦勝国の軍人として手厚く取り扱われて、平等を体験してきていますからね。南部の白人のやり方に、特別不満なんです」

それから約一週間たって、その黒人からまだ日本人の妻のことをはっきり聞かないうちに、彼は白人の暴徒に殺されたのだ。ジェイクの話によると、黒人居住地域で選挙人登録の運動を、北部から援助にやって来ていた人たちと一緒にやっている最中に、発砲されたのだった。他の者たちは無事で、彼だけが狙い撃ちされたようだった。

普通の黒人であれば、黒人用の裏口から入れて、診てくれる白人病院もあるのだが、公民権活動家の場合は拒絶されるし、現在のように白黒敵対している時には、黒人が白人の医者に診てもらうことは、かえって危険なことでもあった。助かる命が逆に助からないこともあり得るのだ。彼はここから最も近い黒人病院のある、ミシシッピ川沿いの都市グリーンヴィルに送られる途中で死んでしまった。

しかし、デルタに限らずミシシッピ州中で、このようなことは数多く起こっていた。啓介は白人社会の中だけで暮らしていたのだが、黒人の死が新聞に載ることなどはほとんどなく、まして、黒人を殺した白人が告訴されることなどあり得なかった。

白人側からすれば、秩序を破壊しようとする不穏な人間が一人減ったという、ちょっとした幸い以外の何物でもなかった。殺された当日は、何やらささやかれているようだったが、数日後にはそういう黒人がいたことなど、もはや何の意味もなく、彼の存在は白人たちの脳裏から完全に失われていた。

二

あの黒人が殺されてから数週間たっていた。この町に来て最初に話した黒人であり、妻が日本人らしいということで、その男のことは、啓介の脳裏からは、白人たちのように容易には消えていかなかった。その事件の後でも、黒人に対する選挙人登録の指導は、州外からのボランティアを含めて、他の指導者たちによってあちこちで行われており、色々なトラブルが起こっているようであった。

しかし、その一方で、デルタの秋も順調に進んでおり、綿摘みはもうほとんど終わりかけていた。啓介が綿摘みに関連した作業を一度見学したいと、所員に言っているのを所長が聞いて、友人の農園主に話をつけてくれ、彼はその日研究所員の運転する車で、町の郊外の大農場に来ていた。その経営規模から見て、デルタで五本指に入るこの大農場でも、農作業は完全に機械化されていて、アメリカ南部の象徴的な姿として日本の教科書に載っていたような、黒人労働者が大きな袋を引きずって歩く、綿摘みの風景はすでになかった。無限に白く広がる綿畑の中に、何台もの綿摘み機が点在し、その上に黒人の労働者が一人ずつ乗って作業していた。

摘まれた綿はすぐ別の車に移し変えられて、綿繰り場に運ばれ、そこで機械にかけられて種を取り除かれ、梱包されるのだった。若い白人が監督をし、働いているのはすべて黒人の男性だと思った。随分小さな男もいるのだな、子供だろうか、と思えるのも一人いた。

ほかの者たちはみんな帽子を被っているのに、彼だけはスカーフみたいなもので、頬かぶりしているみたいだった。よくよく見ると男性ではなく女性だということが分かった。色はほかの男性たちより白っぽかった。髪の色はスカーフでおおわれていて、よく分からなかった。

南部に来てみて、日本のテレビに映るよりも、はるかに多くの種類の黒人がいるのが分かった。日本のテレビには、顔の色も輪郭も中くらいの混血の人たちが、黒人として映されることが多いのではないだろうか？　ほとんどの場合、東部や西部の黒人で、南部の黒人の姿はめったに映らない。南部の黒人は全体的に、もっと黒いのが多い。特にモテルで働いている女性たちや、綿畑で働いている男女は、文字通り真っ黒で、アフリカ人と区別がつかない。

しかし限りなく白い者もいる。数人の黒人の中に、白人が一人混じっているように見えるときがある。なんでこの人種差別のデルタで、このきわどい時代に、と思ってじーっと見ていると、その白い人間は、黒人であることが分かる。髪のカールの仕方、顔の微妙な輪郭、何となく暗い皮膚の色は、ここデルタでは隠しようがない。

中南米、いやひょっとしたらアメリカの北部でさえも、白人として堂々とパス出来るような白さの人間が、ここではクロンボの身分を抜け出すことが出来ない。ここは、一滴の黒人の血が忌み嫌われる極限の土地である。

ここに来てもうかなりたったので、自分より色の白い黒人がいることは、啓介にも分かっていた。だから南部における人種差別は、厳密には皮膚の色によるのではなくて、奴隷の子孫に対するものなのだ。だけど、あそこで働いている女性は黒人だろうか？　白人である筈は絶対ない。肉体労働を蔑視し、極端に忌み嫌う伝統のあるこの地域では。とすれば中国人だろうか？　いや、今や白人並みの地位を獲得している中国人の、しかも男性に比べて数の少ない貴重な女性が、こんな仕事をする筈がない。

そこまで考えて、あっと彼は叫びそうになった。彼女だ。スーパーで会ったあの女性だ。彼女はもう自分には気がついているのだろう。所長からここの農場主に、今日日本人の学者が見学に行くからよろしくと伝えてあり、所員が一人車で案内して来たのだから。農場主はここで働く者たちに、そのことはもう伝えていた筈だ。彼女はこちらを見ずに、黒人の男たちと一緒に仕事を続けていた。

彼は少し離れた所に立って、労働者たちの仕事ぶりを眺めていた農場主に近寄って聞いた。

「あそこにいる小さな女の人は、なにじんなのですか？」

「日本人じゃないかな。あなたは知らないでしょう？　身分が違うからね」と農場主は言った。

「この間殺された、あの生意気なクロンボ教師のワイフさ。やつが日本から連れ帰ったんだよ。馬鹿な女さ。クロンボなんかにひっかかって。白人兵につかまれば、得したのにな。日本人の女なら、いくらでも白人の兵隊とくっつけたろうにさ」

農場主は啓介の存在を意識して、さも黄色人種と黒人の違いを強調しているようだった。あんたたちは仲間なんだ。だから、クロンボなんかの手助けなんかするんじゃないぞ、といった感じが、この農場主にもありありと見えた。

「なに好き好んでクロンボにつかまったのか。それも北部や西部のクロンボなら、なんぼかましだったろうにさ。『デルタのクズクロンボ』にひっかかるなんて、馬鹿な女だ。見たところじゃ、クロンボにやるには、とてももったいないような女だよ。小学校に行っている男の子が一人いるそうだ。勿論合いの子だろう。旦那があぁして殺されたんだから、白人たちは誰もあの女を雇おうとしないんだ。可哀想だから俺が拾ってやったよ」

と彼は言った。

啓介は彼女と話をしたいと思った。でもここでは駄目なのだ。もちろん日本語で話すから、何を話しても、誰にも分からないだろう。でも、今でない方が良いだろう。そして、彼女もここで話しかけられることを、望まないのではないか？　彼女は意識してこちらを向かないようにして、仕事を続けているようだった。

敗戦国の日本でさえも、みんなもうかなりの生活が出来るようになった今、ここでこんな風に暮らしている日本人の女性の姿に、彼は何となく落ち着かなくなった。それで、綿の処理工程について、農場主に二、三ありきたりの質問をし、礼を言って、そそくさと車に戻った。


暑い暑いと思って過ごしたデルタの長い秋も、十一月の終わり頃になると、着実に冬の方へと歩み始めていた。周辺の綿農場の仕事もすでに終ったようで、どこの畑にももう人影はなかった。白人居住地域の広大な庭に生えているおびただしい木々からは、無数の葉が落ちて積もり、黒人たちが毎日毎日それを片づけていた。

ひょっとして、あの日本人の女性も今はこういう仕事をしているのだろうかと思って、啓介は道の両側の庭を眺めながら歩いた。だが、落ち葉集めの仕事をしているのは、みんな黒人の男性のようであった。

黒人の女性には季節に関係なく白人家庭のメイドとかクックとしての仕事があるのだった。ごく安い金で雇える黒人女性の手助けなしには、南部の白人女性が家事をやり遂げることは難しかった。その意味では、農業の機械化によって、無用の長物と成り変わった黒人の男性たちよりも、黒人の女性たちの方が、ここではるかに価値があった。彼女もそういうメイド的な仕事をしているのだろうかと思いながら、彼は過ごしていた。

ミシシッピ州でも他の地域では、黒人の座り込みなどによって、スーパーのランチ・カウンターは、次第に黒人にも開放されつつあったが、デルタではどこの町もまだ黒人を排除していた。まして、この町のダウンタウンに何軒もあるレストラン専門店は、もちろんまだ「ホワイト・オンリー」を続けていた。中国料理店も一軒あったが、そこもまだ「ホワイト・オンリー」だった。

メンフィスまで行かなければ、日本料理店はなかったので、洋食にあきた土曜の夕食に、啓介はよくそこに行くようになった。静かに中国の音楽が流れ、中国の調度を並べた部屋で「チョップ・スイ」を食べるとき、白人とだけ付き合う生活をしていながら、日本と中国との近さを肌で感じ、やはり自分は東洋人だと自覚するのであった。

しかし、建物の中国的な外観や部屋の調度品とは対照的に、そこで接する人たちはほとんどすべて白人だった。客はすべて白人であり、黒人はもちろん、中国人を見かけることも全くなかった。経営者は中国人であり、キッチンで料理を作っているようであった。だが、レジもウエイトレスもすべて白人女性だった。

十二月に入って始めての土曜の夜、啓介はその中国料理店を訪れた。いつもにこやかに彼を迎えて、窓側の良い席に案内してくれる、感じの良い若いウエイトレスはその日はおらず、初めて見る恐い顔つきの女性が、いつもとは反対側の薄暗い一人用の席に彼を連れて行った。客は何組か入っていたが、いつも案内してくれる良い席は空いていたし、ほかに席はいくつもあるのにと、彼は不満だった。あんたはここへはやっと入れて貰えるのよ、とでも言っているようだった。そこはキッチンの出入口に近く、衝立で隔てられてはいたが、中の様子が垣間見られた。

年配の中国人の男性が若い中国人の男性を指導しながら、料理を作っているようだった。流しのところにもう一人立っていて、皿洗いをしていたのは女性のようだった。そのうちに、いつもここで注文する「チョップ・スイ」を、感じの悪いさっきのウエイトレスが運んで来て、何も言わずに、ガチャンと音を立てて置いて立ち去った。失礼な女性だと思ったが、彼はやがて、久しぶりに食べる東洋の味に、舌づつみをうっていた。

だが、その席から見えるのはキッチンだけで、振り返らなければ他の客たちの様子は見えなかった。満員だったのならともかく、彼の黄色い顔のせいでこんな席を与えた、無作法な態度のウエイトレスに、南部白人の人種差別意識を、初めて強烈に感じた。

キッチンからは二人の中国人の男の話し声が聞こえていたが、中国語のようで啓介には全く分からなかった。だが、男性と女性の話は、どうやら英語のようであった。皿洗いは終わったらしく、さっきの女性がこちらを向いた。彼女だった。ここで働いているのか？彼女も彼に気づいたようだったが、スーパーのときのようには見つめずに、さっと眼をそらした。

食事を終え、いつもの半分のチップをテーブルに置いた。ウエイトレスがやって来て、チップをちらりと見てから、早く出て行けとでも言うように、ガチャガチャ食器を片付け始めた。その時、啓介は立ち上がってキッチンの出入口へ行き、中をのぞいて、

「すみませんけど」

と言うと、中の三人は驚いて同時にこちらを向いた。

客がキッチンをのぞくことなどあり得ないことだった。料理を作るときのかなりの音が、その部屋全体に響いていた。しかし、彼はアメリカに来て初めて東洋人だけといることに、一瞬中国料理のかもしだす、東洋の味のような安堵感を覚えた。

こんなところに入り込んで変だとは思ったが、彼は今どうしても一つだけ、彼女に確かめて置きたかった。この機会を逃したら、またいつのことになるか分からない。英語にしようかとも思ったが、思い切って日本語で尋ねた。

「あなたは日本人ですか？」

彼女はキョトンとした顔つきをした。やはり日本人ではないのだろうか？　いや、油の

はねる音で聞こえなかったかも知れない。それでもう一度尋ねた。

「日本から来られたのですか?」

前と同じことを尋ねたつもりだった。

「そうです」

彼女は今度は日本語ではっきり答えた。

「私も日本から来たのです」

あのウエイトレスが、片づけた食器を持って入って来た。そして、どいてという意味で、

「エクスキューズ・ミー」

と言って、彼にガタンと突き当たり、彼女をにらみつけた。彼女の当惑が眼に見えたので彼は、

「いつかお話ししたいですね。じゃ、失礼します」

と言うと、彼女は黙ってうつむいて仕事に戻った。


郡庁所在地とは言え、近隣の農村の中心という程度の小さな町なので、コトンタウンの町全体を見渡すのに、それほどの時間はかからなかった。だが、それは研究所に正規の職員として勤めている程度の、白人たちの生活範囲のことであり、あくまでダウンタウンと

白人居住地域に限られていた。彼は町のそこの部分だけで、生活するのになんの支障も感じなかった。しかし、そこはあくまで、この町における中流上層以上の人たちの、生活の場に過ぎないように見えた。

ダウンタウンに接している、鉄道線路を越えた黒人居住地域を、一度さっと通ったことはあった。しかし、ほとんど舗装されておらず、たまに中国人のやっている食料品店以外は、全く黒人しか見かけない、貧しい家並みの通りは、彼にとってはやはり異質の場所だった。みすぼらしい公園のような所にあるトイレは、とても使えるものではなかった。

レストランのドアを開けると、黒い顔が一斉にこちらを向き、入るなとは言わなかったが、とても入る雰囲気ではなかった。ドアを閉めると、一斉に嘲り笑うような声が背後から聞こえた。自嘲の笑いのようにも響いた。お前は白人の手下なんだろう、ここになんか来るな、とでも言っているようだった。

「ブラック」という掲示はどこにもなかった。考えてみれば、黒人居住地域のバーやレストランに、白人が入ることはあり得る筈がなかった。「ホワイト・オンリー」や「ブラック」の掲示は、あくまで白人居住地域やダウンタウンにおいてのみ意味を持つことを彼は知った。黒人居住地域に、白人が足を踏み入れる必要は全くないのに反して、黒人は使用人として白人居住地域を、ひんぱんに訪れていたからである。

とにかく、白人のアメリカをアメリカとして見、その生活様式を見習ってきた啓介たちのような日本人にとって、黒人居住地域はおよそアメリカではなかった。それで、彼は現在の黒人の公民権闘争には、非常な共感を感じながらも、その後黒人居住地域を訪れたことはなかった。

クリスマスも過ぎ年を越してしばらくすると、ここデルタでは、もうなんとなく春が近いという気配がしてくる。二月に入るともう木々は芽吹き始め、枯れ草だった芝生も緑がかってくる。冬中本を読む生活だけをしていた啓介は、日曜日、陽光に誘われて、再び外を歩き回りたい衝動にかられた。彼は話には聞いていたが、まだ行ったことのない白黒混住地域に行ってみることにした。上層の黒人と下層の白人が混じって住んでおり、研究所の職員のような、ちゃんとした白人の住む所ではないという話だった。

そこは鉄道線路の向こう側ではあったが、バイユーでぐるっと取り囲まれている小地域で、黒人居住地域とも白人居住地域とも離れた場所のようであった。ダウンタウンから一本の道だけが、バイユーにかかった橋を渡ってそこに通じており、全く反対の方角にやはり一本の道が、バイユーを横切る橋によって、黒人居住地域へと通じていた。

ダウンタウンのはずれを歩いてしばらく行くと、家はまばらになり、やがてバイユーにかかっている橋が現われ、舗装された道がそのままずっと続いていて、その両側に家が並んでいた。所々に店も散在していたが、大体は住宅地のようであった。白人居住地域とは比べられないような、小さな家と狭い庭の連なりではあったが、意外なほどきちんとし、整然としていた。黒人居住地域に入ったときのような異質な、場違いの感じは全くなかった。白人居住地域よりは、むしろ日本のどこかの町の、平均的な住宅地に近いように感じられた。

白人の姿も黒人の姿も見られ、その割合は丁度ダウンタウンで出会う割合と同じようだった。だが、白人と黒人が全くばらばらに住んでいるのではなく、それぞれ何軒かずつ固まって住んでいるようであった。白人の家が立派で、黒人の家がみすぼらしいということは全くなかった。ほとんど、どの家の前にも同じように車は置かれていたし、服装に関して言えば、黒人の方がむしろ立派な感じであった。いや、服装だけではなく、全人間的に、黒人の方が優れているように見えたが、それは当然ではないかと啓介は思った。

ここに住んでいる白人たちは、白人居住地域に住めない低所得者層が多いのに対して、黒人たちはただ人種差別のために、ここにしか住めない知識階級が多いのだから。綿摘みや落ち葉集めをしたり、白人の家のメイドやクックをしている黒人たちは、ここには住んではいない。上層の白人はこの地域に来ることはないのかも知れないが、上層の黒人も白人居住地域に行くことはほとんどないのだ。

ここには、白人の使用人としては働いていない、専門職の黒人が多く住んでいた。彼らは典型的な「南部のクロンボ」としては、描かれることのない人たちであり、公民権を与えられないことの不当さを、最も強く感じている人たちだった。


数軒店の並んだ通りがあり、その一つは中国人のやっている食料品店のようであった。啓介は帰りにダウンタウンの開いている店で、果物を買おうと思っていたのだが、ここで買ってみようかという気になった。外観はダウンタウンの店とは比べるべくもなく、小さく質素ではあったが、中の品物は意外と豊富であった。その店の主人と思われる中国人の男が品物を並べていた。啓介の顔を見るとすぐ笑顔を浮かべ、中国語でなにやらしゃべった。客はほとんどこの辺りの黒人か白人であり、中国人はほとんど同業者で、顔見知りだろうから、新参の中国人だと思ったのだろう。日本人などとは考えるわけもなかった。

奥まった所には、テーブルがいくつか置いてあり、ちょっとしたレストランもかねているようだった。薄暗くてよく分からなかったが、黒人の女性がテーブルをふいており、東洋系らしい女性が横向きに座っていた。黒人の女性が使用人で、東洋系の女性が中国人の妻なのだろうかと思った。

だがまだ、伝統を厳しく守っていると言われる中国人の家庭で、主人がかいがいしく働いているのに、妻がゆったりと椅子に座っているものだろうか？　啓介は英語でリンゴとオレンジを数個ずつ頼んだ。中国人の男は英語で返事をし、三人が同時に彼の顔を見た。東洋系の女性は彼女だった。

「やあ、久しぶりでしたね。お元気でしたか？」

と彼は日本語で言った。そういえば今日は日曜日で、あのレストランは休みなのだ。まだあのレストランで働いていればの話だけれど。

彼女は「はい」と日本語で答え、心持ち微笑んで、軽く頭を下げた。そのしぐさはやはり日本人のものだった。

「この辺りにお住まいなのですか？」

「はい、そうです。ここから歩いて二、三分のところにおります」

「アメリカにはいついらっしゃったのですか？」

彼は今度いつ会えるか分からないし、最小限のことはどうしても聞いておきたいと、またなんとなくあせっている感じだった。

「一九五八年です。もう五年になります」

彼女は聞かれることにだけ素直に答えた。中国人の主人と黒人の女性は、聞きなれない言葉で話す二人を、不思議そうに見比べていた。

「日本のどこから来られたのですか?」

「夫と知り合ったのは北海道千歳の米軍基地です。育ったのは小樽の近くの田舎ですけど」

彼女は自分が殺された黒人の妻であることを、彼が当然知っているように話した。黒人の女性が二人分のコーヒーとケーキを持って来た。彼女は啓介が入って来る前に注文していたのかも知れないが、彼は久しぶりの日本語に没頭していて、そのことを全く忘れていた。

「どうもすみません。注文もしないで話し込んでしまって」

「いいえ。どうぞ、どうぞ、ごゆっくり」

と言って黒人の女性は立ち去り、彼は話し続けた。

「私も北海道出身なんですよ。札幌の近くです。今は東北にいるのですが。近くで暮らしていたんですね、子供のときは。私の名前は井田啓介と言います。妻と子供二人を日本に残して来ております」

彼女の顔に、ちょっとした驚きの表情が現われたのだが、それを押さえるようにして彼女はすぐ、

「ミチコ・テイラーです」

とだけ言って、彼の顔をスーパーで会った時のように、じーっと見つめた。綿繰り場と中国料理店のキッチンで、見るのを避けていた分を、取り戻そうとでもするように、真剣な目つきであった。

「お子さんは？」

「一人おります。小学校一年の男の子です」

「ああ、それでご主人が亡くなられても、ここにおられるのですね？」

彼女はそれには答えずに、沈黙していた。

黒人と結婚して日本を出たのなら、日本に戻ることはもう難しいかも知れない。だが、彼女くらいの知性的な容姿であったら、東部に行っても西部に行っても、立派に白人並みで通用するだろう。何でこの最低の州の最低の場所で、黒人並みの生活を続ける必要があるのだろう、と彼は思っていたのだ。彼女はやがて沈黙を破って、

「ここの家の子と同じなんです。学校も同じところに行っているんです」

と、中国人の男を手伝って、品物を並べている黒人女性の方を、さりげなく顔で示しながら言った。

「あの方は、ここの奥さんなんですか？」

「そうです。とても教養のある方です。もとは夫と同じ小学校の先生だったんです」

「黒人と結婚している中国人は多いのですか？」

「以前は多かったようです。もちろん中国人男性と黒人女性です。その反対のケースは、全くなかったようです。でも、中国人男性と黒人女性のケースも、今はもうほとんどありません。四十年代になって、中国人女性が自由にアメリカに来れるようになりましたから。ここのご夫婦はまれなケースです。それに……」

と言いかけて、黒人客に応対をしている黒人女性の方をチラッと見て、彼女は口をつぐんだ。しかし、ああ、日本語で話しているのだ、と気がついたように続けた。

「差別があるからです」

「え？　どんな差別なのですか？」

「中国人男性が、ここデルタで、中国人女性と結婚するか、黒人女性と結婚するかでは、天地の差があるからです。中国人同士が結婚している家庭は、今では白人として認められ、白人居住地域のはずれの方で暮らすことが出来、子供たちは白人の学校へ通うことが出来ます。たとえ商売は、黒人居住地域またはここの地域でやっているとしてもです。しかし、黒人女性と結婚した中国人の家庭では、どんなはずれでも白人居住地域に住むことは出来ませんし、子供は白人の学校へ通うことは出来ません。

いいえ、白人によってだけでなく、中国人によってさえも差別されるのです。中国人の子供たちがまだ白人学校へ入れてもらえなかった、第二次世界大戦以前の時代に、黒人学校へ子供を通わせたくない中国人の親たちは、お金を出し合ってクリーヴランドに中国人専用の学校を設立し、広くデルタ中から通学したそうですが、この時にも黒人との混血の子供は入られなかったそうです。私たちの場合もそれに似ていたのです。だから親しくもなったのです。子供たちの顔の輪郭も皮膚の色も、非常によく似ています。二人とも間違いなく東洋人と黒人との混血児です」

彼女の言うことは、ここに来た始めの頃、ジェイクが話していたことと一致する、と彼は思った。

「それではお子さんたちは、黒人学校へ通っているのですか?」

「いいえ。黒人学校の施設は非常に悪く、レベルは非常に低いのです。白人学校の十分の一くらいのお金しか使いませんし、先生方の給料も半分以下で、通学期間も短いのです。その内情は主人もあの方もよく知っておりました。先生方がいかに一生懸命になっても、生徒がいかに優れていても、どうしようもないことをです」

「それではどこに通っているのですか?」

「グリーンヴィルにある、キリスト教会系の私立学校へやっています。学生はほとんど黒人ですが、経営者は白人で、先生方にもかなり白人がおります。しかし、南部の白人ではなく、北部からデルタの黒人の教育を助けようとして、やって来た人たちです。ですから非常に熱心で、白人学校には負けない、という自信を持ってやっております。

北部の財団からの援助もありますので、経済的にもそれ程の負担ではありません。ただ、朝晩片道一時間の距離を送り迎えするのは、ちょっと大変なのですが、ここから通っている生徒の親たちが、お互いに協力してやっております」

「そうですか。色々とあるのですね。日本のような平等な社会から、このような不平等な社会に入られて大変でしょう？」

彼女は啓介の問いかけに、ちょっと微笑みながらも、何となく暗い表情を浮かべて沈黙していた。さっき話していた時の、晴れ晴れとした表情ではなかった。彼の今の言葉に当惑しているのは明瞭だった。混血児の子供とともに、日本の社会で暮らすときの、日本人の視線を想像したのだろうか？

彼はちょっと後悔した。彼女のような過程を経てきた人間にとって、ストレートに答えれる問いではなかったのだ。しかし、彼は何かアメリカ社会の矛盾についての言葉が、彼女の口から発せられるのを期待していた。だが、彼女の次の言葉は、彼の想像をはるかに越えていた。

「日本はアメリカより平等な社会でしょうか?」

彼は呆然として彼女の顔をみつめた。さっきの当惑したような面影は消え、毅然とした、何物にも屈しないような表情に変わっていた。今度は彼が沈黙する番だった。彼は久しぶりに使った日本語のなめらかさに甘えて、少し深入りし過ぎたように思った。

「そうですね。私はそう思うのですけれど、非常に深く考えれば、不平等な部分もあるかも知れませんね。私の言う意味は、ごく一般的に、表面的に見ればと言うことです。でも、黒人や混血の人たちが日本の社会で暮らすとしたら、暮らしにくいかも知れませんからね。でも、あなたのご主人があのとき言っていたように、それは少なくとも、ここで黒人が白人から感ずる『憎悪のまなざし』に会うことではないと思いますが」

彼女は沈黙していた。彼はもう立ち去る時間だと思った。

「それではどうもお邪魔致しました。何ヶ月ぶりに、日本の方とお話し出来て楽しかったです。またそのうちにお話ししましょう。じゃ、お元気で」

彼女は黙って微笑んで頭を下げた。啓介はレジで黒人の女性に果物の金を払い、コーヒーとケーキ代も払おうとしたが、

「あれはサービスです。また是非来て下さい」と言ってにっこり笑った。

彼は果物の袋をさげて、バイユー沿いにダウンタウンの方へと戻った。

日本人でも、黒人兵と結婚して混血児を生み、ミシシッピ・デルタで五年も暮らしている女性は、もう普通の平凡な日本人の常識とは、かけ離れた考えを持っているのだろう、と彼は思っていた。

三

三月に入るとデルタでは、色鮮やかなさまざまな花が咲きそろい、まさしく百花繚乱という感じになった。北国育ちで、学校も勤めもずっと北国だった啓介にとっては、それはまさしく絵画のような世界であった。黒人と白人の肌の色と、彼らの身につけている原色に近い色彩の服装も、自然の造り出すその景観に、きわめてマッチしているように見えた。

多くの美しい花のうちでも、彼の最も好きなのは、ダグウッドの花であった。英和辞典で引くとミズキと出ていたが、日本で見るミズキとは大違いであった。白やピンクの四つの花びらをつけたダグウッドの花の、その葉や枝を含めての、何とも言えない格調の高さは、いくら見ても見尽くすということはなく、周辺で起こっている公民権闘争の喧騒をも、しばし忘れさせてくれた。

白黒混住地域の中国人食料品店で、ミチコ・テイラーと名乗った女性と話してから、一ヶ月近く経っていた。この町に住む唯一の日本人らしいということで、非常に期待して会ったのだが、何となく期待したようではなかった。啓介にしてみれば、もう少し彼女が日本を懐かしむのではないかと思っていたのだ。日本で生まれ育ち、五年ほど前アメリカに来るまで、二十四、五年暮らしたとしても、黒人兵と結婚して、追われるようにしてアメリカにやって来たに違いない彼女にしてみれば、そこはもう二度と振り返ってはならない場所なのだろうか？

　この間の会話の終わりのあたりで彼女が示した、日本という国に対する不信の感じは、何とも彼の脳裏から立ち去ろうとはしなかった。彼はその理由を、彼女が黒人と結婚したことによって、日本の社会から受けたダメージによるものだとしか理解できないでいた。彼女以外にこの町に、日本人は本当にいないのだろうか？　実のところ誰にも詳しく聞いたことはなかった。でも、これまで何人の人からも、あなたはなにじんかと聞かれ、日本人だと答えてきたのだから、いるのであれば、誰かがそれを言う筈ではないか？　自分の方からも何人かには聞いたのだが、誰も彼女以外には、言った者はいない。

　コトン郡の郡庁舎前を通った。ここは彼にとって、これまで直接関係のない所だったし、外観のいかめしさが、何となく近寄りがたい感じであったので、入ったことはなかった。公民権闘争が盛んになってからは、警備が厳重になったそうで、保安官か警察官か分からないが、そういう服装をした白人が数人、絶えずその周辺を見守っていた。彼は思い切ってここで聞いてみようかと思い、中へ入った。

日本の銀行や色々な役所のように、そこに勤めている者と来訪者の顔が、大体同じ高さになるという感じではなかった。この町の銀行のカウンターのように、白人の男性や女性がずらっと並んで座って、高い位置から来訪者を見下ろしていた。そこにいる者は、来訪者より遥かに高い地位を主張しているようであった。人種的優越性を誇示しているようで、これなら、黒人たちは気楽には来られないだろうなと思った。

色々な掲示があったが、彼にはよく分からなかった。それで、彼は一番はしにいた感じの良さそうな若い女性の所へ行って、

「日本人がこの町や郡に、何人くらい住んでいるか知りたいのですが」

と言うと、

「ああ、それは五番の係ですよ」

と彼女は答えて、にっこり笑った。

五番には、あの中国料理店のウエイトレスに似た感じの、体格のよい女性が座って、見下ろしていた。彼は仕方なく、前より丁寧に繰り返した。

「日本人がこの町や郡に、何人くらい住んでいるか教えて戴けますか？」

その女性は彼の顔をギョロッと見ながら、

「日本人？　日本人はいませんよ、全然。今はね。この町にも、郡全体でも」

と即座に言った。自信がありそうだった。そして、

「大分前には、この郡の北の方の町にいたことがあるんです。ドルーという町ですけどね。四〇年代末か、五〇年代始めの頃です。白人と結婚した戦争花嫁でしたね。だけど、離婚して、カリフォルニアに行ってしまったんですよ。それ以後はいませんね」

彼はキョトンとした。少なくとも一人はいる筈ではないか？　それで、

「でも、去年の秋殺された黒人の奥さん……」

と言いかけたが、彼ははっとして口をつぐんだ。彼女の目つきは前より厳しくなったように見えた。ほとんど「憎悪のまなざし」に近かった。

あの黒人が白人によって殺されたことは間違いなく、誰がやったかは、白人にも黒人にも知れ渡っていたのだが、その男は告発されることもなく、そのことに触れることは禁句であったのだ。彼は眼をそらした。

「何ですか？　黒人がどうかしたんですか？　あなたは黒人と何か関係があるのですか？」

彼女は畳みかけてきた。

「いいえ。何も関係ありません。ただ……」

と言いかけると、

「ただ何ですか？　あなたは確かここの研究所に研究に来ている日本人ですね。日本人は白人として取り扱われているのですから、黒人などと付き合ってはいけませんよ。東洋人はここでも、今はみんな白人として扱われているのです。昔は違いましたけどね。いま日本人は住んでいませんが、中国人は多くいますし、僅かですが韓国人やフィリピン人もおります。


それからレバノン人も。あの人たちは東洋人だったかしら？　……ずっと前から白人とされていたんだから、きっと違うわね。しかし白人として見なされる人でも、黒人と結婚していたら、その子供たちも含めて、黒人とみなされるのですよ、ここではね」


彼女はもう自分の素性は知っているのだ。この町の白人たちは、大抵そうなのかも知れない。人数の少ない所なのだから、見知らぬ者がやって来た時、素性をうわさし合うのだろう。特にこの頃は。だからこの人種差別のデルタの町でも、みんな自分に気安く親切にしてくれるのだ。

「でも、この町に住んでいるという、日本語を話す女の人と出会ったものですから……」

彼はもうどうでもいいという感じで話していた。立場が悪くなって研究所に居づらくなったら、日本に帰りさえすれば済むことだ。いや、残りの期間は別の所を見学して帰国すればいいのだ。なんてことはない。

彼女からは、先ほどの「憎悪のまなざし」はすでに消えていた。こんな東洋人など、所詮私の相手になる敵ではないわ、とでも思ったらしく、生来の目つきで、自信に満ちた笑顔さえ浮かべて言った。

「あなたが誰のことを話しておられるのか、私には大体想像がつきます。でも、ここで仕事をしている係としては、その住民の国籍だとか、何系の人だとかを教えることは出来ません。それはそれぞれの人の、プライベートなことです。知られたくない人もたくさんいるでしょう。特に今は人種の問題で荒れているときですから。

アメリカには、多くの国々からやって来た人たちが住んでおり、その人たちの国籍も多様です。あなた自身英語を話していても、アメリカ人ではないでしょう？　フランス語を話していてもフランス人ではなく、イタリア語を話していてもイタリア人ではないことも、多くあるのです。東洋人の場合だって、そういうことがあっても、不思議ではないのではないですか？　もしどうしても知りたければ、その人に尋ねるか、その人の近くで暮らしている人に尋ねたら良いでしょう」

上の席から、見すえるように話すその白人女性の態度は、堂々としていて憎らしかったが、確かにこの場合には正論であった。しかし、啓介は彼女に対して尊敬の感情を抱くよりは、黒人たちに対してこのように理論づけて、理不尽なことをも正当化するであろう白人たちの態度を、垣間見たように思った。しかし、彼は、

「よく分かりました。あなたの説明は完璧です」

と丁寧に頭を下げて郡庁舎を出た。

そうか、彼女は日本人ではないのか、とつぶやきながら彼は歩いていた。

高圧的な白人女性の説明は不快ではあったが、間違いの可能性は皆無のように感じられた。それに、この間の彼女の別れ際の感じを思い浮かべると、何か奇妙に符合するところがあった。フランス語を話してもフランス人ではなく、イタリア語を話してもイタリア人ではないかも知れないということは、言われなくても分かっていた気がする。しかし、啓介の場合、日本語を話していても日本人ではないということは、これまで念頭になかった。それに、国籍ということを意識したことはあまりなかった。

彼はしばらくの間、呆然として過ごしていたが、日本人であってもなくても、彼女にまた会いたいという気持ちは変わらなかった。日本語を話し、地理的に日本という国で生まれ育ち、日本という風土の中で生活した人であれば、別に変わりはないと思った。しかし、

むこうはそう は考えないのかも知れないとも思った。

まだ三月ではあったが、北国育ちの啓介にとっては、春というよりは初夏のような気候が続いていた。その日は月末の日曜日で、朝食と昼食は昨日スーパーで買っておいた物を食べ、一日中テレビを見て過ごした。レストランやスーパーはどこも休みだったが、ハイウエイ沿いのガソリンスタンドには、ちょっとした食べ物や飲み物などが置いてあったのを思い出し、日没後外へ出た。

モテルの部屋では、エアコンを入れていたので涼しかったが、外は生暖かい感じだった。サンドイッチとコールド・ドリンクを買ったが、すぐ戻ってまたあの部屋で食べるのも興ざめだったので、少し散歩をすることにした。

白人居住地域に人影はほとんどなかったが、恐いという気はしなかった。人種問題で非常に危険だと言われているこの地域で半年生活したわけだが、啓介自身これまで身の危険を感じたことはなかった。

日本にいる時は、黒人は恐いという先入観を持っていた。しかし、ここに来てみて、その考えを修正しなければならなかった。ここの黒人はみんな善良で、気が弱そうである。

「約束の地」を求めて北部へ去った者たちとは異なり、長い年月差別に忍従し続けた者たちだからだろうか？　白人の傲慢さとは、およそ対照的だ。

夜に黒人居住地域を歩いたりしたら、危険なのかも知れない。しかし、現在のような公民権闘争のときであっても、普通の白人や東洋人が白人居住地域で生活する限り、危険を感ずることはない。黒人は特別なことがない限り、夜に白人居住地域をうろつくことなどはあり得ないことなのだ。それは黒人にとっては、致命的なことになるのだから。だが、公民権闘争の活動家とマークされたら最後、皮膚の色に関係なく危険は降りかかってくるようだ。黒人によってではなく、白人によってもたらされる危険である。

数分で白人居住地域を通り抜け、その端にある公園に来ていた。ここは少し先の鉄道線路を隔てて黒人居住地域に近く、黒人たちはそこのバイユーに架かっている橋を渡り、公園の側の道を通って、ダウンタウンへ行くのだった。しかし、この公園はまだ「ホワイト・オンリー」だったので、日中の清掃係しか中に入れなかった。そこは電灯で煌々と照らされ、昼間のようだった。バイユーに面していくつものベンチが並んでおり、数人ずつ幾組かの白人が、それに座って何かを食べたり、話したりしていた。

啓介は空いている最も入り口に近いベンチに座り、買ってきたサンドイッチを食べ、ドリンクを飲んだ。バイユーのゆったりした流れを眺めていると、いつも気が休まった。それは綿畑よりももっと、深南部にいる感じを与えてくれた。人間の手によってではなく、機械によって植えられ、農薬をまかれ、摘まれる綿畑は、もはや農場ではなく、巨大な工場の感じだった。

食べ終わったので、ドリンクの空き缶とゴミを捨てようと思って、啓介は辺りを見回した。少し後ろの大きなマグノリアの木の下に、ゴミ入れがあったので、立ち上がって歩いて行った。その木の隣にはさらに大きい、スパニッシ・モスの木が枝を広げており、その下のベンチに一人の女性がバイユー側を向いて座り、歌を歌っていた。

ゴミを捨てて元のベンチに戻る前の一瞬、彼は立ち止まって耳を傾けた。その女性の方へ近づくことははばかられた。もし自分が黒人であって、その彼女がキャーと叫んだら、ここでは白人たちにリンチされて当然なのだから。

何の歌なのかは勿論分からなかったが、物悲しい歌のように響いた。何か人の心に訴えるものがあった。歌の言葉は分からないものだから、これも当然英語なのだろうと思って聞いていた。でも少し違う感じだなとも思った。もうこれ以上ここに止まっていたら、不審に思われると感じて、戻ろうとした時、彼女がこちらを向いた。

電気の光を背に受けていたので、よく見えなかったが、東洋人のようであり少しほっとした。微笑んでいるようだった。ミチコ・テイラーだった。彼女は立ち上がっていた。啓介は歩み寄った。

「やあ、あなただったんですか？」

と啓介は驚いて、ほとんど叫んでいた。彼女は全く落ち着いているように見えた。

「この間はどうも失礼しました」

「あら、私の方こそすみませんでした」

この間の別れ際のような感じは、全然見られなかった。

「何の歌を歌っておられたのですか？　哀調を帯びた歌のようですね。何か心にしみ入るような」

「そうですか？　これはアリランという昔の朝鮮の歌です。小さい頃母に教わったのです。いいえ、教わったと言うよりは、自然に覚えたのです。母はいつもこの歌ばかり歌っておりましたから。私は朝鮮人です。いえ、現在は韓国籍ですけれど」

彼女はじーっと彼の顔を見つめていた。彼の表情の一つをも、見落とすまいとしているようだった。彼は黙ってうなずいた。

「そうだったんですか？　でも、何も変わりないじゃありませんか。少なくとも私にとりましてはね。日本から来られた方ということで。前にあのキッチンでお聞きした時も、日本から来られたのですか、とお聞きしましたでしょう？　私にとっては国籍は問題でありません」

彼らはベンチに腰を下ろした。彼は初めて会ってからこれまでの、彼女の態度のすべてを理解出来たように思った。彼女は別にそれを隠そうとしているわけではないのだが、自分を当然日本人だと思っている人間に、真実を告げるときの苦痛を、これまでどれだけ経験してきただろうと思い、可哀想だった。

特に、平均的な日本人の女性より、遥かに上に見える彼女の場合には、その苦痛はさらに大きかったのではないか？ でも、もう彼女はこれまでのわだかまりから解放されて、さっぱりしたようだった。今までのように、啓介を避けようとする態度はなかった。しかし、少し沈黙が続いた。啓介は話題を変えた。

「お一人で出て来られたのですか？ お子さんは？」

「子供はチンさんの家に居らせてもらってます。あの食料品店の。私は……」

と言いかけて、辺りをそっと見回しながら続けた。

「そうですよね。日本語ですもの、誰も分かる筈がないですよね。それでも白人がいる所では、話すのが何となく気になるものですね。私は今日の午後黒人居住地域で開かれた、選挙人登録のための集会に行って来たのです。夫がそれを非常に熱心にやっていたものですから。彼は投票権を持っておりました。この町の黒人としては稀なことでした。だから余計白人たちに憎まれたのです。

私は投票権を持っておりませんが、どのようにすれば、取らせまいとする白人の策略をくぐり抜けて、それを取れるかということは知っておりますし、黒人に教えることも出来ます。夫が生きているうちに十分習いましたから。それを教えているのです」

「そうですか？　それはご苦労さまですね。ここの公園にはよく来られるのですか？」

「いいえ、ほとんど来ません。今日は黒人の人たちと一緒にいるうちに、白人が憎らしくなってしまって、それで入ったのです」

「それはどういうことですか？」

「この公園にはあの黒人たちはもちろん、自分の子供と一緒に入ることも出来ません。夫が生きている時にも、家族で入ることは出来ませんでした。奇妙なことに、私一人なら入れるのです。小さな町のことですし、私自身黒人の生活範囲で暮らしてきたわけですから、白人たちは私の素性をよく知っております。

でも、私一人でいる場合、東洋人である私を追い出すことまでは出来ないのです。しかし、マークされていることは確かです。ですから、何かが起こった場合、危険な人間であることは間違いありません」

「そうですか？　大変な生活をされているのですね。日本でも不愉快なことは、たくさんあったでしょうが」

「そうですね。子供のときはよく『チョウセンジン』とか『チョウセン』とか言って、馬鹿にされました。私が赤ん坊の時、父母で今の韓国からやって来て、空知のどこかの炭鉱で働いていたらしいのですが、父が事故で亡くなったので、母は私を連れて小樽の近くの田舎に移って、リヤカーを引いて不用品を集めて歩く、当時ザッピン屋と言われていた仕事をして、私を育てたのです。

町を歩いていて、見えない所から『チョウセーン』とか『ザッピンヤ！』とか聞こえてくる時は、本当にいやでした。でもその村に住む朝鮮人は私たちだけでしたので、そこに住む限り我慢しなければなりませんでした。誰に言ってもどうにもならないことは、子供ながらに分かっておりました。先生方も私がそう言われるのには、慣れっこになっていましたから、たまたまそういう場面に出遭っても、『おー、やめろよ！』とか『いじめるなよ！』とか言って、通り過ぎて行くだけでした。

でも、一人だけ違う先生がおりました。師範学校を出たばかりの若い先生でしたが、六年生を持っておりました。私は四年生でしたが、私の名前を知っているようで、その先生だけは、絶えず私を見守ってくれているようでした。私がやられているのを見たときの叱り方がすごく、今にも叩かれそうだったので、その先生がやって来たときだけは、悪童たちは一目散に逃げて行きました。

幾度かそういうことが繰り返された後で、とうとう三人の男の子がその先生に捕まり、当時はそれが普通だったのですが、往復ビンタと言っていた仕方で、顔を幾度もなぐられました。そして、『ミチコは立派な日本人だ。お前たちよりよっぽどましな日本人だ。今度馬鹿にしたら承知しないぞ!』と怒鳴って放し、私に『頑張るんだぞ』とだけ言って立ち去りました。

私はそれまで馬鹿にされても、泣いたことはありませんでした。だから、悪童たちはいっそうやりたかったのでしょう。でも、このときは自然に涙が出ていました。あの頃はただもう日本人になりたい、日本人と言われたい、とばかり思っておりましたから。その出来事が子供たちの間にも知れ渡ったのでしょう。それから私を馬鹿にする子はいなくなりました。

今までになく、何かほっとして学校に行けるようになって数週間後、その若い先生が出征されるという話を聞きました。当時若い男の人が戦争に行くのは珍しいことではありませんでしたので、ああ、いい先生なのにいなくなって残念だなー、とだけ思っておりました。しかし、そのうち、その先生の召集は普通ではないのだという噂が、私の耳にも入ってきました。

私をいじめてその先生に殴られた三人の子供の中に、その村の有力者で、軍需産業を担っている人の子がいたのです。その先生は来たばかりで、それを知らなかったのです。いや、あの先生なら、そんなこと関係なかったかも知れませんが。その親は校長にその先生を処罰するように言いに行ったそうですが、当時の趨勢として、生徒を殴ったくらいで先生が辞めさせられる時代ではありませんでしたし、その校長もなかなか反骨の人だったようで、ただちょっとその先生に、親が文句を言いに来ていたぞ、と言っただけでした。

しかし、その親は、たかが朝鮮人の子を馬鹿にしたくらいで、子供が散々殴られたことに、どうしても我慢がならなかったのです。彼は人脈を利用して、その先生の出身地の役場の徴兵係に圧力をかけたそうです。先生は札幌の近くの出身地から出征するために、やがてその村を離れ、校長もその翌年、羊蹄山のふもとの僻地校に左遷されました。

全校そろって停車場で先生を送る日、私は途中でみんなから離れて、その汽車が進んで来る原っぱに行って待っていました。やがて先生の乗った汽車が来て、窓が開いているのが見えました。私は『先生！　先生！』と必死になって叫びました。『先生、有り難う！　先生、さようなら！』私は手を振って、走りながら叫び続けました。

窓が正面にきた時、先生はやっと気づいたようでした。立ち上がって顔を出しました。『先生、有り難う！　先生、さようなら！』私は手を振って繰り返しました。すると、先生も身を乗り出すようにして手を振って叫びました。『ミチコ。元気でな。頑張るんだぞ。負けるなよ。ミチコ！』汽車は行ってしまい、私は声を上げて泣きました。

このとき先生は、日本が朝鮮にした植民地支配の非道と、日本帝国主義の悪行を、ただ一人で償ったように思います。先生とはそれっきりで、南方で戦死したと聞きました」

「そうですか？　本当につらい生活をされましたね。あの頃は普通の日本人でも、ひどい生活をしていたのですから、あなたの場合は本当に大変だったでしょう。戦死といえば、小樽の近くで教師をしていた私の兄も、その頃南方で戦死したんですよ」

彼女はじーっと彼の顔を見つめているようであった。彼は眼をそらして言った。

「でもあの頃はあちこちで、戦死、戦死で、それが当たり前のことでしたものね」

彼女は話し疲れたように、しかしわだかまりが取れて、すっきりしたように、沈黙していた。あなたは私のことを、もうどのように受け取ってもいいのですよ、とでも言っているように見えた。

「チョウセン」、「チョウセン」とさげすまれて育った日本での少女時代。黒人兵と結婚してアメリカに来て、人種差別の最もひどい深南部の、最低の黒人社会で、黒人の妻として生きてきた彼女。しかし、その育った環境にもかかわらず、また、アメリカで投げ込まれたその生活環境にもかかわらず、彼女の言動からかもし出される、ある種の格調の高さは、一体なにによるものだろうか？　それは、当時白人兵と結婚した平均的な日本人の女性が、到底太刀打ち出来るものではなかった。

研究所長の友達の農場主が言っていたような、「デルタのクズクロンボ」に引っかかってしまった馬鹿な女には、どうしても見えなかった。ここで現在彼女がどのように感じて生きているのかも聞きたかったが、それより先に、「チョウセン」、「チョウセン」といじめられていた四年生の頃から、どのように成長したのかを、彼は知りたいと思った。

「その後もずっとそこで暮しておられたんですか？」

「ええ、その先生が居られなくなり、また悪童たちにやられるだろうな、と憂鬱な気持ちになりましたが、奇妙なことに、それからは誰もあまりいじめなくなりました。その先生の死の理不尽さを、小学生ながら、みんなそれとなく感じていたのではないかと思います。それに、幸いにも私は成績がよく、たいてい一番でしたので、上の学年に進むにつれて、みんなが認めてくれるようになりました。やがて終戦になり、もう『チョウセン』と言われることもなくなりました。

もちろん、村の人たちの見方は同じでしたし、生活は苦しかったですが、戦争中よりはずっと気楽に暮らせるようになりました。やがて学制改革が実施され、私たちは中学へ移行しましたが、母親を説得して、翌年卒業と同時に小樽の雑貨屋の住み込み店員となり、小樽商大のすぐ下の高校の定時制に通い、そこを一番で出て、丁度その頃、商大に併設された夜間の短大部を卒業しました。

英文タイプは高校の時から得意でしたし、商大のアメリカ人教師のお陰で、英会話もある程度出来ましたので、卒業と同時に千歳の米軍基地に、英文タイピストとして入りました。国籍を問わないその就職口は、私にとりましては天恵でした。そこで夫と知り合い、結婚したのです」

彼女はアメリカに来てから、恐らく誰にも話すこともなかったであろうこと、話したところで、到底理解して貰えなかったであろうことを日本語で話して、ほっとしているようだった。啓介は彼女の話から、日本人が戦後、黒人兵と結婚してアメリカに渡った女、という言葉で描くイメージとは、似つかわしくない、彼女のその毅然とした姿の理由を理解出来たように思った。

「そうですか?。よく努力されましたね。お話を聞いてよく理解出来ました。ここの白人社会の普通の女性よりも、高い教養を見につけていながら、黒人社会の中で生きて行くのをどのようにお感じですか?」

「黒人兵と結婚した朝鮮人—面と向かっては言わなくなっていましたが、陰ではそう言っていました—の私は、日本人から見たら、最低のランクの女だったわけです。少なくともあの小さな村では。大学出たってしょうがないのにね、という言葉が私には聞こえるようでした。日本人でも、教育のある人ほど、そうした偏見はないようでしたが。

母は必死になって黒人との結婚をやめさせようとしました。でも、私はそれを振り切って結婚し、ここにやって来たのです。夫はデルタよりずっと南の方にある黒人大学を出た、空軍のパイロットでした。リタイアしてここに帰り、黒人小学校の教師になったのです。

日本人にとって、いいえ、アメリカ人にとっても、最低である筈の深南部の黒人社会は、私にとってはこの上ない幸せの土地でした。この黒人社会においては、私が日本人であるか、朝鮮人であるか、または、中国人であるかは、全く問題ではないのです。ひとしく東洋人であり、黄色人種であるに過ぎないのです。そのことは、白人社会においても同じことかもしれませんが。

違いといえばただ、白人でないこと、黒人でないことだけなのです。日本であれほど正確に線引きをされ、区別されていた、日本人と朝鮮人との違いから、私はここで始めて解放されることが出来たのです。父にも母にもこの解放感を味あわせてやれなかったのが残念です」

「お母さんもお亡くなりになったのですか？」

「はい、母は私が朝鮮人よりさらに劣等な人間と結婚したことを嘆きながら、そして、周囲の人たちにもそういう眼で見られながら、私がこちらに来て間もなく死んだのです。

母は可哀想に、自分が植え付けられた人種的偏見から、自分自身を自由に出来ないまま死んでいったのです」

アメリカは確かに人種差別の国だ、と啓介は思った。しかし、ここの差別は皮膚の色の違いによる、旧奴隷の子孫に対する差別である。だが、日本で彼女が経験した差別は何だろう？　どこから見ても、何の違いもない東洋人同士で。同じ皮膚の色を持ち、しかも、たかだか、数十年の間、ちょっと近代化に遅れたという違いはあっても、数千年の間日本へ高度な文化的影響を与え続けた国の人たちに対する差別であり、国家が意図した差別であったのだ。

黒人の妻であることによって、彼女は確かにここの白人たちによって差別された。しかし時の経過とともに、彼女は次第に気楽になっていったのだ。朝鮮人として差別されているのではないと知ったからだ。黒人の妻である限り、白人でも、日本人でも、朝鮮人でも同じように差別されるのだ。何という公平な差別だろうか？　彼女はその意味では、自分を差別する白人たちに感謝したい気持ちだった。

ここに来て初めて彼女は、日本人に対する、つまり、大和民族に対する朝鮮民族としてのコンプレックスから解放されたのだ。そして、彼女がこれまでたたき込まれ、彼女自身もそれをどうしようもなく信じてきた、劣等な民族という焼印は、単に日本帝国主義によって捏造《ねつぞう》されたものであることを、彼女はこのデルタに来て初めて悟ったのだった。

「まだあの中国料理店で働いているのですか?」

「ええ、あの傲慢な白人のウエートレスたちに、威張らせておけばよいのですから。あそこでじーっと我慢して働いて、暇な時間が出来たときは、公民権獲得の仕事を手伝っています。だから、私は白人からにらまれているのですよ。白人居住地域に住んでいる中国人からもです。中国人は心情的には、私たちの敵ではないのです。ですが、こういう時代ですから、白人の眼が恐ろしくて、私たちには冷たくするのです」

若い白人のカップルが、彼らの前を通り過ぎて行った。彼女はちょっと顔をそらすようにした。ここでは皮膚の色の違う人間が一緒にいると非常に目立ち、他の人の関心を呼ぶのだ。彼らは東洋人同士であったので、その若者たちの注意を引かなかった。白人たちはもう大分帰ったようで、バイユーに面したベンチは相当空いていた。

「前の方に移りましょうか?」と彼は言った。「私はバイユーがすごく好きなんですよ。ここはバイユーが至る所にありますものね。暇な時はいつもどこかのバイユーを、ぼーっと眺めているんです」

彼らは前の方のベンチへ移った。明るい電灯に照らされて眩しかった。

「さっきお話しましたように、私は公民権闘争を手伝っており、それでにらまれております。この町の東洋人では私だけですから、どうしても目立つのです。ですから、あなたも、あまり私と一緒にいるのは、見られない方が良いのですよ。保安官や警察官なら外見で分かりますけれど、それより恐ろしいのは、白人市民会議の人たちなのです。KKKの団員より高い身分の人たちの集まりですが、意図するところは同じです。

あなたが去年の秋見学に行ってお会いになった農園主は、もちろんメンバーですし、あなたの研究所の所長だって、恐らくそうでしょう。あなたはこの町では、問題なく白人として扱われています。一見同じ東洋人でも、私はすでに違うのです。でもそれは日本にいた時のような、日本人と朝鮮人との違いではありません。それがここで暮らすことの救いです。ここで白人たちに差別されながらも、その意味ではやはり、私はアメリカの方が自由の国だと感ずるのです。

私もこの町を出て一人で旅行するときには、問題なく白人の方に入れます。大抵のホテルに泊まることが出来ますし、どこのレストランでも食事をすることが出来ます。ですが、ここの町ではもう絶対に駄目です。一度カラー・ラインを越えたら、もう駄目なのです。この公園だって、先ほど言いましたように、厳密に言えば入られないのです。でも、ホテルやレストランのように、入り口でチェックしませんし、入ってしまったら黒人のように目立ちませんから。

研究所は、この町では最高にランク付けされている所です。上の人たちは大農園主に匹敵するのです。今あなたは、この町の白人たちと対等に付き合っています。もし、私と一緒にいるところを見られたら、遠からずそうした社会からシャット・アウトされるのですよ」

月の光が、前のバイユーを明るく照らしていた。ネズミに似たヌートリアが素早く泳いで行くのが見えた。これもダグウッドの花と同様、彼がデルタに来て始めて眼にした、お気に入りの生き物だった。

「これからもずっとここに居られるのですか？」

と彼は聞いた。

「ええ、たぶん。ここでの公民権闘争を、黒人と一緒にやりたいのです。この公民権闘争は私にとりましては、私を差別した日本帝国主義への闘争でもあるのです。そして、また、私を人間として認めてくれた夫とデルタの黒人社会への、感謝のしるしでもあるのです」

と言って時計を見て、

「あら、もうこんな時間です。すっかり話し込んでしまって。でも、何かすっきりした感じがします。去年の秋、夫からこの町に日本人が来ていると聞いてから、何度かあなたとお会いするたびに感じていた、懐かしさと恐ろしさのミックスしたような感じが、消えたように思います」

「そうですか？　私も今まで何人もの人たちから、この地域の現状をお聞きしていたのですが、何となくもやっとしていたのです。今日あなたからそれを日本語でお聞きして、よく分かりました。お元気で頑張って下さい。久しぶりに日本語でお話し出来て、本当に楽しかったです」

「私もです。自分がなにじんだか分からない現在の私にとっても、最も確実なのは、日本語が母国語だということです。お前は日本人じゃない、お前は韓国人じゃない、お前はアメリカ白人じゃない、お前はアメリカ黒人じゃない、と言うかも知れないどんな人でも、私の母国語が日本語であることを、否定することは出来ません。

私が何の抵抗もなく、これ以上にスムーズに考え、話せる言葉はないのですから。朝鮮語はさっきのあの歌しか知りません。悲しくなって歌う歌も、やはり日本語の童謡なのです。それではあなたもお元気で。さっきも言いましたように、私はマークされていますから、もうお会いしないことにしましょう」

公園の入り口を出て、彼女と啓介は反対の方向へと別れた。月光に映えるバイユーのほとりの小道をモテルへと歩きながら、啓介はミチコのこれまで辿ってきた道のことを考えていた。

アメリカに来て何か面白くない、人種的偏見めいたことに出合ったとき、自分たち日本人は、ふだんは半ば反抗的な態度をとっていた、日本という国や日本政府に対して、日本にいては感じたこともないような親近感を抱き、日本の国力への信頼と願望を感ずるのだ。自分は帰る所があるのだ。こんな国。こんな品のない国よりずっと良い国へ帰れるのだと。

しかし、彼女はそのような時、……彼女なら普通の日本人より遥かに多くそのような種類の屈辱の機会に遭遇しただろうが……どこに帰るべき故郷を思い描いたであろうか？ 訪れたこともない韓国であったのだろうか？ それとも、憂鬱な少女時代を過ごした日本であったのだろうか？

四

四月に入ると、日本の北国に住み慣れてきた啓介には、もう真夏といった感じだった。この季節になって、デルタではようやく綿の種を蒔く作業に入った。第二次世界大戦後徐々に進んできた農業の近代化は、デルタの綿栽培にも多大の変革をもたらしており、多数の小作人たちが畑に出て腰を曲げ、手で種子をまいて行くという姿はもう見られなかった。去年の秋の綿摘みのとき見たと同様、広大な広がりには、黒人の男が一人ずつ乗った種まき機が、何台か見えるだけだった。

二十世紀前半、デルタの黒人小作人たちは、無情に搾取される貧困の生活を逃れるために、北部への移住を希望したのだが、労働力の減少を懸念する大農園主によって、ほとんど脅迫的にここに留まらされたのだった。しかし、今や情勢は変わり、機械化と化学薬品の使用によって、綿の栽培に必要な労働力は極度に減少し、長い年月にわたってデルタに栄えた、分益小作人を使った大農園制は崩壊していった。

それまで巧妙に利用されてきた黒人の大家族は、たちまち無用の長物と化し、彼らは今度は、立ち去ることを強制されたのだった。北部へと向かう者も多数いた。だが、ストレートに北部へと移住することも、容易なことではなかった。彼らの多くは、近隣の町や都市のゲトーへと移り住み、白人の好まない下半分の仕事をあさるか、農繁期の農場の賃仕事を待つしかなかった。今コトンタウンの黒人居住地域で暮らす黒人たちの大部分は、このような道を辿った人たちである。

植え付けを終えて数日たつと、無数の小さな綿の双葉が現われ始め、数週間のうちに、広大な広がりは緑のじゅうたんへと変わった。そこにはもう、人間の姿は全くなかった。五月、六月と進むにつれて、さらに加わる暑さと頻繁なにわか雨によって、綿の成長は目覚しかった。やがて多量の除草剤が散布され、除草機が行き交ったが、機械でどうしても取り除きにくい箇所は人手に頼らざるを得なかった。

これが今や相当数の黒人労働者を必要とする、一年で唯一の季節であったが、この時期の早朝になると、黒人居住地域の指定された場所に集まった労働者たちは、トラックで綿畑へと運ばれ、夕暮れどき運び戻されて、安い賃金を手にした。人種対立の激しい昨今、白人たちは黒人に金を与えることになるこの仕事を、彼らにさせたくなかったが、秋の収穫を考えると背に腹は変えられなかった。

七月の半ばになると、綿の高さは大人の背丈ほどになり、朝顔の花の形をした、黄色の花を咲かせ始めた。この花の命は短く、大体一昼夜でピンク色に変わってしぼんだが、七月半ばから八月始めにかけての綿畑は、黄色と緑とピンクの織り成す、あでやかなカーペットであった。

「私と一緒にいるのを見られない方がよい」と言った彼女の言葉に素直に従ったわけではなかったのだが、研究のまとめの作業に相当の時間が必要であったので、彼はその後は中国料理店にも行かず、白黒混住地域を訪れることもしないで過ごした。その間にもミシシッピ州では色々な事件が次々と起こっていた。デルタもその例外ではなかった。

七月始めに、広範な公民権法が成立したにもかかわらず、デルタでは、ほとんどすべての公共施設は、まだ依然として差別を撤廃しておらず、黒人たちはその完全実施を求めて、絶えず白人たちと衝突していた。南部のほとんどの町で、すでに黒人にも開放されつつあった公立図書館での閲覧や、スーパーのランチ・カウンターの開放を求めて、連日黒人たちの座り込みが行われていた。彼らを取り巻いて、侮辱的な言動をしている白人たちとは少し離れて、啓介も研究所を抜け出して、それとなくその様子を見に行った。

多数の黒人たちに混じって、ミチコの姿が見られた。東洋人は彼女だけだったので、とても目立った。これまで彼女が行なってきた選挙人登録の運動は、ほとんど黒人居住地域や綿畑の中の小屋でやっていたので、公民権活動家としての顔を、白人たちに見られることはあまりなかった。ただ、黒人活動家の日本人妻として知られていただけであった。しかし、今や彼女の顔は町中に知れ渡った。

黒人客によって多くの利益を得ている中国人は、実際複雑な立場にあったが、そして、心ある中国人であれば、心情的にも複雑な思いを持っていたが、現在行われている闘争からは、出来るだけ身を引いていよう、と決意しているようだった。このとき彼らの多くはすでに公民権を与えられ、多くの点において白人並みの生活をしていたから、身を引いて暮らすということは、白人側に組するということであった。黒人はそのように捉えていた。活動家でないにしても、座り込みに同調したり、選挙人登録をしようとした多くの黒人が職を失い、白人による発砲事件が相次ぎ、黒人教会や黒人活動家の家が爆破され、多くの死傷者が出た。たまに白人が死ぬこともあったが、ほとんどは黒人だった。

啓介のアメリカ出張は丸一年であったが、九月は東部の大学や研究機関を見学することにしていたので、この町に滞在するのは八月いっぱいであった。研究は予定通り進み、彼の意図した研究は、やはり資料の豊富なこの研究所に来なければ、出来るものではなかった、と彼は満足していた。日本で行われているこの地域の研究は、まだ分益小作に関するものであった。そのような形の農業は、すでに完全に消滅しているのだから、帰国したらこの地域の農業の状況について、最も新しい論文を発表出来ると彼は考えていた。

八月に入って二度目の日曜日だった。外の焦げ付くような日光を避けて、啓介はエアコンとテレビをつけっ放しにして、ベッドに寝転んでいた。夕方にわか雨がやってきて、外も大分涼しくなったようなので、ガソリン・スタンドで食べ物を買って、あの公園のベンチで食べようかと思った。すると電話が鳴った。オフィスにいるモテルの主人からだった。

「電話ですよ。クロンボらしいよ。ジャックていうやつ知ってる?」

彼はびっくりした。主人は機嫌が悪そうだった。今どき黒人からだから仕方なかった。

「いいえ、全然。名前を知ってる黒人なんかいません」

「でも向こうじゃ、あんたの名前を知ってるんだよ。じゃ、一応つなぐからね。深入りしない方がいいよ」

「はい、分かりました」

そのまま待っていると、やがて、

「もしもし、イダさんですか?」

という声が聞こえてきた。やはり黒人らしい話し方だった。もちろん黒人の話し方といっても多様で、チン食料品店の黒人妻などは、そんな話し方ではないのだ。教育や環境によっても違うし、相手によって話し方を変えることも出来るのだろう。

「突然電話してすみません。テイラーの奥さんが、さっきアクシデントにあったんです。あんたに知らせて欲しいって言うもんだから」

「えっ、アクシデント?」

と彼は叫んで、とっさにもっとその事情を聞こうとしたが、盗聴されている感じもしたので、それを控えた。向こうもそれを察しているらしかった。

「それで？」

「これから車で迎えに行きます。すみませんが、前の道路に出ていて下さい」

黒人としては、「ホワイト・オンリー」のモテルの敷地の中には入りにくいのだ。

「分かりました。待ってます」

彼は早速支度をしてオフィスに寄った。寄って色々聞かれるのもいやだったが、寄らないで倍も疑われるのは、それ以上にいやだった。主人は渋い顔で、

「クロンボに呼び出されたのかい？　深入りするんじゃないよ」

と言って、さらに、

「気をつけるんだよ。誘拐されるかも知れないんだからね」

と付け加えた。

「そんなこともないでしょうが」

と彼は言ったが、アメリカへ来るまで日本のテレビで見ていた、ニューヨークやシカゴの黒人であれば、それはあり過ぎるほど、あり得ることだった。しかし、ここでの一年足らずの滞在の間に、現在の深南部の出来事に関する限り、事態は逆なのが分かっていた。

「どれ、車の番号だけは見ておいてやろう」

と言って主人は、彼の後をついて外へ出て来た。啓介としてはいやな感じだったが、黒

人と関わって、公民権運動に加担するつもりはなかったから、車の番号を知られても別に気にならなかった。それに、こちらの憶測が誤って、万が一にでも、主人が言うようなことが実際に起こったとしたら、それは大きな助けとなるだろう。主人の真意が何なのかは全く分からないのだが。白人市民会議のメンバーかも知れないし、ひょっとしてKKKの団員かも知れない。

やがて、中年の黒人の運転する車がやって来て、啓介が白人と並んで立っているのを見て、ちょっとギクッとした様子をしたが、黙って後部のドアを開けた。彼が乗り、主人に手を上げると、すぐ出発した。

「すみません。突然」とその黒人はすぐ口を開いた。「さっき、黒人居住地域で、テイラーの奥さんが撃たれたんです」

「えっ、誰にですか?」

「誰かは分かりませんが、もちろん白人です。彼女は今日の午後集会所で、黒人たちに選挙人登録の指導をしていたんです。それが終わって、何人かの女性たちと一緒に外へ出て、ちょっと歩いたところだったんです」

「撃たれたのは、彼女だけですか?」

「そうです。その少し前から停まっていた車の中からで、すぐ猛スピードで逃げ去ったんです。活動家は彼女のほかにも、何人もいたんですから、明瞭に彼女だけを狙ったんです」

車は白人居住地域からダウンタウンを過ぎ、鉄道線路を越えてもう黒人居住地域に入っていた。その辺りは前に来たことがあったので、啓介にも分かった。右手に、その辺りではちょっと大きな集会所の建物が見え、相当な人たちが群がって、がやがやしていたが、運転してきた黒人は、

「やられたのはあそこですが、彼女はこっちの家で寝ています」

と言って、左手前方の家を指さし、車を停めた。そこは黒人の助産婦の家らしかった。中に入ると、居間で五、六人の黒人の男女が話し合っており、チンの妻の顔も見えた。その隣の部屋のベッドに、彼女は横たわっていた。啓介が入って行くと、年配の助産婦らしい女が、

「今は眠っています。早く病院に運ばなければなりませんが、どこが良いか思案しているところです」

と言った。もう一人若い女性が付き添っていた。

居間に戻ると、そこに居合わせた黒人たちが、なぜ彼女が撃たれたかの理由を、彼女が今日集会所で話していたことに、彼らの推測を加えて話してくれた。彼らはこの町におけ

るNAACPの主だったメンバーらしかったが、彼女が狙撃されたのは、ただ選挙人登録の問題だけではないのではないか、と言うのだった。もしそれだけの理由だったら、彼女以上に撃たれるにふさわしい人間は、幾らもいるのだから。

先週の日曜日の午後、彼女は勤めの中国料理店が休みだったので、息子を連れてダウンタウンの歩道を歩いていたのだ。向かい側の歩道を、息子より少し大きい黒人の少年が歩いていた。その歩道の遠くから、四、五人の白人の少年たちが、こちらに向かって歩いて来るのが見えた。だんだん近づいて来たので、黒人の少年は彼らを避けて、並んでいる店の建物にくっつくようにして、下を向いて歩いていた。

白人の少年の一人が黒人の少年に近づき、「クロンボめ！」と叫んでげんこつで殴ると、他の少年たちも次々と「クロンボめ！　クロンボめ！」と叫びながら、黒人少年の顔や体を滅多打ちにし、倒れると蹴り始めた。

このようなことを見た場合、大人の白人も黒人も、普通は気づかないふりをして避けて通る。どちらの人種の憎しみをも買いたくない中国人じゃ、勿論のことである。絶えずあることなのだ。

白人の普通の親たちは自分の子供たちに、黒人の子供たちをいじめないように、などとは言わない。特に今はそうだ。白人の大人は黒人の大人をいじめるどころか、殺しているのだから。自分たちの子供が何かしたとしても、結局は、そのような場面を作り出した黒人の子供が悪いのだ。白人である自分の子供が悪いことなど、絶対にあり得ない。常に黒人が悪いのだ。黒人がここにいること自体が悪なのだ。彼らの祖先が無理やり奴隷として連れて来たことなど、いまや問題ではない。

だから、黒人の親たちは、子供たちが白人と黒人という異なった人間の存在に気づき始める年頃になると、白人の子供たちと絶対に関わり合いにならないように、くどくどと注意をする。白人を避けるように、なんとかトラブルを回避出来るような術を、獲得させようとする。正しいことを、正しいと主張するような人間に、育てようとはしない。そのような人間は、このデルタでは、幸福にはならないことを、知っているのだ。

白人居住地域には、可能な限り入らせないように努め、子供たちもおおむねそれを守っている。しかし、ダウンタウンは白人黒人共有の場になっている。「ホワイト・オンリー」の所にだけ入らなければ、どこを歩いても不都合はない筈である。この黒人の子供は、ただ不運だったのだ。

彼女はしばらく足を止めて、道路を隔てて見ていたが、ついに自分の子供をそこに残したまま、「やめなさい、やめなさい！」と叫びながら走って行った。彼女が近づいても、白人の子供たちはちらっと見ただけで、やめようとはしなかった。黄色人種なんか問題ではないのだ。

ここらに住んでいる黄色人種は、すべて中国人であり、あいつらは、ちょっと前に白人並みに認められたばかりの、自分の親たちの支配下にある、数段下等な人間に過ぎないのだ。中国人の子供たちだって、やっと何年か前に、自分たちの白人学校に入れるようになったばかりなんだ。中国人の女が、自分たちに何かが出来るわけがないじゃないか、と彼らは思った。

彼女はなおも、

「やめなさい、やめなさい！」

と叫び続けて、その渦中に入って行き、何度か叩かれながら、そして、彼女も何度か白人の子供たちを叩きながら、黒人の子供をやっと引き離すことが出来た。彼女は黒人の子に早く逃げて帰るように言い、白人の子供たちを怒鳴りつけた。彼らは、

「覚えてろ。中国人のくそ女め！」

と叫びながら走って行った。家に帰って彼らは、自分たちに都合の良いように親たちに告げ、親たちが調べた結果、中国人ではなく、彼女であることが分かったのだ。その子供たちの親の二人は、KKKの団員で、一人は白人市民会議のメンバーだった。

彼女が撃たれた時、黒人たちは集会所からすぐ警察に連絡し、一応二人の警察官が調べにやって来たが、何分もしないうちに帰って行った。黒人が白人から被害を受けた今までの例から見て、犯人が捕まる筈はなかった。黒人たちはそれをよく知っていた。調べに来た警察官自身が、ＫＫＫの団員かも知れなかった。市民会議のメンバーになるには、身分が足りなかっただろうが。

とにかく、至急医者に見せなければならなかった。しかし、日曜日はどこも休診であった。白人であれば、休診の日でも医者が家にいさえすれば、誰かに診てもらえることは確実だった。だが、黒人の場合には、事情が違っていた。黒人病院はこの町にはなかった。平日には、いくつかの白人病院が、黒人患者を裏口から入れて、白人患者を診る合間に、物置のような部屋で診てくれるだけだった。

だが、それらの病院でも、公民権闘争が激化してからは、黒人の診察をいやがり、厳密に活動家とその家族でない者に限って、診てやるのだった。活動家でなくても、選挙人登録を希望している人たちも、診てもらえなかった。だから、彼女を診てくれる医者がいるかどうかは、問題だった。

彼女の素性がよく分からないうちは、どこの白人病院でも診てもらえた。しかし、活動家の妻であることが分かってからは、そして、彼女自身が活動に参加している現在は、なおさら、それが難しくなっていた。今日のような事情の場合には、特に問題だった。どこの白人病院も、診てはくれないだろうとか、でも、ちゃんとした黒人病院のあるマウンド・バイユーまで運ぶのは、遠すぎるとか、黒人たちは話し合っていた。

「知っている白人の医者がいるから、頼んでみよう」

と彼は言った。

そこは、去年ここへ来て間もなく、足を捻挫した際に、所長が紹介してくれて、直してもらった外科病院であった。占領軍の軍医として、横須賀に駐留していたことがあり、非常に親切に治療してくれたばかりでなく、奥さんも日本を非常に懐かしがって、一度家によんで、日本料理を作ってご馳走してくれた。電話をかけると、あまり詳しいことを聞かずに、とにかく直ぐ連れて来るようにと言った。

ベッド・ルームに戻ると、彼女は眼を開いていて、

「来て下さったのですね。どうもすみません」

と言った。

「何にも。痛いでしょう。直ぐ病院へ行きますからね」

と言うと、もう一度、

「すみません」

と言った。

一台の車の後部座席に彼女を乗せ、助産婦に付き添ってもらい、もう一台の車に啓介とチンの妻ともう一人の女が乗り、それぞれの車を男が運転して外科病院へと急いだ。運転者はともに公民権活動家であり、去年殺された彼女の夫の同志らしかった。五分ほどで病院に着き、啓介だけが降りて、正面の白人専用の入り口から中に入った。知っている当直の看護婦が出て来て、医者から言われていたらしく、微笑んで、

「どうぞ、急いで入れて下さい」

と言った。

看護婦は医者に伝えに行き、啓介は車へ戻って、直ぐ中に入れてくれるように、男たちに頼んだ。彼らが彼女を抱きかかえて中に入れるのと、医者が廊下に出て来るのとが、同時だった。助産婦とチンの妻は、白人専用入り口の外に立っていた。医者は彼の顔を見て、

「やあ」

と笑ったが、ついて来たのがみんな黒人だったので、すぐ渋い顔になり、小声で彼に、

「クロンボじゃないだろうね？」

と聞いた。

「いいえ、日本人です。お願いします。黒人居住地域で、さっき撃たれたんです。お願いします」

と啓介は深く頭を下げたが、医者は抱えられている彼女の顔をちらっと見ただけで、事情を察知したらしく、元の笑顔には戻らなかった。医者も前から彼女の素性は聞いていたようだった。看護婦の顔からも、さっきのにこやかな表情は消えていた。さっき浮かべていたナイチンゲールの微笑は、一瞬にしてマクベス夫人の眼差しに変わっていた。医者は、

「電話で聞いたときには、あなたの家族か友達が日本からやって来て、事故に遭ったのだと思ったんだよ。悪いけど彼女じゃ、私は診てやれない。こういう時だからね。私の白人としての立場が、怪しくなるんだよ。市民会議の連中ににらまれたら、ここで病院をやっていられなくなるからね」

と言った。

「分かりました。どうもすみませんでした」

と彼は頭を下げ、黒人たちをうながして車へ戻った。啓介はこのとき、「患者の生命を一瞬でも延ばす」という医学の目的の限界を痛感していた。一時間かけてマウンド・バイユーの黒人病院へ行くしかなかった。

マウンド・バイユーは、南北戦争終了後間もなく建設された、由緒ある黒人町である。そこには、コトンタウン出身でグリーンヴィルの教会学校から北部の名門大学の医学部を出てデルタに戻って来た、白人より優れた黒人の医者がいるという噂だった。運転者の一人が公衆電話から、その病院に連絡をとった。時間が大分かかっているようであった。もちろん病院は休みだったが、当直の看護婦が医者に連絡をしてくれ、至急連れてくるようにということだった。

第二次世界大戦以前は、デルタでは東洋人も、白人病院では診察を拒否されていた。だが、もう相当以前から、どこでも白人並みに受け入れられていた。だから、彼女がコトンタウンの白人病院で診てもらえないことを、黒人の医者は最初理解出来なかったのだ。わけを話すと直ぐ了解したようだった。

車は二台続いて全速力で走った。マウンド・バイユーの町に着いた時には、もうすっかり暗くなっていた。黒人たちは何度も来たことがあり、もちろん病院の位置は分かっていた。コトンタウンの白人病院と比較すれば、見劣りはするものの、決してみすぼらしいものではなかった。その質素な佇まいはかえって、北部に行って、ミシシッピ州の並みの白人の医者たちよりも、遥かにレベルの高い教育を受けながら、黒人差別のデルタに戻って来て、「黒人患者の生命を一瞬でも延ばす」道を、あえて選んだ黒人の医者の誇りを、象徴しているように見えた。

医者と看護婦が玄関前に出て待っていた。

「さあ、急いで」

と医者は言った。

黒人の男たちが彼女を運び入れた。廊下でもう一人の看護婦が、ストレッチャーを準備して待っていた。

「直ぐ手術室へ」

と医者は言った。

彼女は眠っているようだった。ストレッチャーが中に入るとドアは閉められ、みんなは廊下のベンチに腰掛けた。誰もほとんど話さなかった。手術は四時間余りかかった。もう十二時を過ぎていた。やがてドアが開いて医者が現われ、その後から彼女の乗ったストレッチャーを、看護婦が押して出て来た。

「どうも有り難うございました」

と啓介と黒人たちは深々と頭を下げた。医者は言った。

「一応の処置はしました。しかし、内臓の破損がひどいので、どうなるかは分かりません。今は麻酔で眠っています。ここでは、設備から言っても、スタッフから言っても、これ以上のことは出来ません。あなたの町の白人病院であれば、それは可能だった筈ですが」

啓介は沈黙したまま、ただ、改めて深々と最敬礼するだけだった。そして、その時、単純なことなのだが、患者にとっての最良の医者とは、その患者の生命を長引かせた、物理的時間の長さによるのではなくて、その生命を長引かせようと、いかに努力したか、によることを悟った。

その夜、チンの妻が彼女に付き添い、彼は待合室で仮眠し、他の黒人たちはコトンタウンへ戻った。

朝六時頃、彼女は意識を回復した。彼を見ると微笑み、

「すみません。有り難うございます」

とはっきりした口調で言って、

「昨日、黒人の少年が、白人の少年たちにいじめられているのを見たとき、私が日本人の子供たちにいじめられた光景を思い出していたのです。あの黒人の子は私自身でした。そして、あの時私を助けてくれたために、出征させられた先生は……」

と続けたが、そこでちょっと休んで、これまでにも何度か彼をそのようにして見たように、じーっと見つめてから眼を閉じて、思い切ったように口を開いた。

「あなたの戦死したお兄さんだったのは、間違いありません。井田先生という名前でしたから。お顔があなたとそっくりでした。夫から日本人が来ていると聞かされ、初めてスーパーでお見かけしたとき、そっくりだったので、びっくりしました。井田先生のことが、私の頭から離れたことはありませんでしたから。春に、あの公園でお話をうかがった時、それを確信しました」

彼は黙ってうなずいていた。あの公園で彼自身も、ひょっとしたらそうかも知れない、と思ったことは確かだ。しかし、それは彼にとっては、どうでも良いことだった。それを彼女に言う必要があるとは、思わなかった。彼女に感謝されたいなどとは、思いもしなかった。兄はそのことについて何も言わなかったが、そのようなことがあったのなら、兄は彼女のお陰で、あの理不尽な戦場において、かえって満足して死んで行けただろうと思った。今も同じ気持ちだった。

彼女はもっと話したいようだった。だが、相当疲れているように見えた。看護婦が入って来て、

「まだあまり話はしない方が良いですよ」

と言った。

彼女はどうしても言おうとしていたことを言い終えて、満足したように眼を閉じていた。

容態は一応安定しているように見えたし、付き添って世話をしてくれる黒人の女性がいると言うので、医者と看護婦にお願いして、啓介とチンの妻は、バスでコトンタウンに帰った。

彼女の事件は、研究所でもみんな知っているらしく、何となく啓介を避けているのが感じられた。所長も口には出さなかったが、不機嫌そうに見えた。彼もあえて弁解はしなかった。ジェイクさえも話しかけてこないのが、ショックだった。あんたはやっぱりクロンボの味方だったんだね、とみんなが言っているようだった。

一時快方に向かうように見えた彼女の容態は、結局そのようにはならなかった。数日後の午前十時頃、研究所の彼のところへ医者から電話があった。矢張りうまくない。長くてもう二、三日かも知れない、とのことだった。医者には今日中にそちらに行くからよろしくと頼んだ。

彼女の子供はチンの家で預かっていた。彼がチンの家に連絡し、彼女の子供を病院まで連れて行きたいと言うと、チンはこれから店を閉じて、みんなをマウンド・バイユーまで乗せて行くから、二時間くらい待っていて欲しいと言った。みんなとは、啓介とミチコの息子に、チンの妻と息子のことだった。チンはこれからグリーンヴィルの教会学校まで子供たちを迎えに行かなければならないのだった。啓介はその時間までに、チンの店まで行くことにした。

研究所にいても落ち着かなかったので、公園へ行ってバイユーを眺めて暇をつぶした。時間を見計らって白黒混住地域へ行くと、チンの店には閉店の掲示が出されていた。少し待っていると、奥のほうからチンの妻が日傘を持って現われ、もうじき来る筈です、と言った。彼女が日傘を広げて、「どうぞ」と言ったが、啓介は、有り難うと言っただけで入らなかった。二人とも黙っていた。もうお互いに話すこともなかった。

やがて、チンの車が来て停まり、子供たちの顔が見えた。車は二人を乗せて、全速力でマウンド・バイユーへと向かった。ハイウエーの入り口の周辺に、白人市民会議のメンバーらしい人間の乗った車が、監視しているような気がした。


病室には彼女と黒人の付添婦だけがいた。彼女は疲れ果てたように見えたが、みんなを見ると微笑んだ。彼女自身も、もう幾日も生きておれないのは、分かっているようだった。一人一人の顔を、うなづきながら時間をかけてじーっと見つめて、「有り難う」を繰り返し、それが終わると改めて眼を啓介の方へ戻した。どうしても言っておきたい、この間の続きがまだあるように、啓介には思われた。彼女は日本語で言った。

「私の遺体はコトンタウンの黒人墓地の、夫の墓の隣に埋めて戴くように、チンさん御夫妻にお願いしてあります。それから、あそこの棚の上に、昨日あのおばさんに切って戴いた髪と爪が、二つに分けておいてあります」

と言って、大きく息をした。髪は短く切り揃えられていた。苦しそうだったが、彼女はさらに続けた。

「あなたが日本へお帰りになって、札幌にでも行かれることがありましたら、恐れ入りますが、今は小樽市に組み入れられている、私の育ったK村の父母の墓に、これを入れて欲しいのです。

そして、もう一つは、父母の故郷だったソウル近郊のS町の、どこにでも埋めて欲しいのです。まことにすみませんが、S町の役場に送って、頼んで戴けないでしょうか？ 住所や名前などを、全部英語と日本語で書いたノートが家にあり、この子が知っています。

植民地時代の朝鮮で生まれ、軍国主義時代の日本で育ち、戦後の日本で韓国人として生活し、アメリカ南部の白人たちから差別された黒人社会で自由になれた私にとって、母国は一体どこで、それはどんな意味を持つのでしょうか？」

彼女は翌日の午後、息子とチンの妻に手を握られて、安らかに息を引き取った。

彼女の埋葬が終わって二週間後、八月の最後の日に、啓介は彼女の子供を連れて、黒人墓地の片隅にある、彼女の夫の墓と、まだ墓石の置かれていない彼女の墓に花束を捧げ、冥福を祈った。彼女の子供は、メンフィスに住む父方の祖父母が引き取りに来るまで、あとひと月ほど、チンの家にいることになっていた。

墓地を後にし、白黒混住地域の入り口まで戻って、そこで別れようと思ったが、その子はどうしても、グレイハウンド・バスの駅まで送って行くと言ってきかなかった。

彼はメンフィス空港からニューヨーク行きの飛行機に乗る予定だった。彼が白人専用の受付で切符を買い、荷物を預ける間、その子は言われなくても中に入らずに、黙って外で待っていた。

「一人で帰れるかい?」

と彼は聞いた。

「なんべんも来たことがあるから、大丈夫だよ」

とその子は答えた。

バスが到着した。乗客は彼のほかは全員黒人だった。

「元気で頑張るんだよ。お父さんとお母さんの分もね。さようなら。日本から手紙を書くからね」

と彼は言った。

「うん。おじさんも元気でね。さようなら。親切にしてくれて、ありがとう」

とその子は言った。

バスは動いた。その子は一人そこに立って、いつまでも手を振っていた。

両側の綿畑の黄色やピンクの花は、いつの間にかすべて、丸いピンポン玉のような丸莢に変わっていた。もう少しでまた真っ白の綿畑になるのだ、と啓介は思った。そして、あの混血の子が、このアメリカの大地で、たくましく成長していくことを願った。バスは全速力でメンフィスに向かっていた。

■ 著者略歴

谷村 淳次郎(たにむら じゅんじろう)

1930年(昭和5年)10月北海道古宇郡泊村生れ
北海道大学農学部農芸化学科卒業
北海道大学文学部文学科卒業
北海道大学大学院文学研究科修士課程(英米文学専攻)修了
元室蘭工業大学教授
元北海道大学医療技術短期大学部教授

ミシシッピ・デルタ ストーリー

発行日:2023(令和5)年8月14日

著 者:谷村淳次郎
発行元:株式会社 共同文化社
060-0033 札幌市中央区北3条東5丁目
Tel.011-251-8078 Fax.011-232-8228
https://www.kyodo-bunkasha.net/

印刷・製本:株式会社 アイワード

ISBN978-4-87739-389-2

共同文化社の本

おいしく つくろうよ　東海林 明子 著　A4変型判二五〇㎜×二一〇㎜　八四頁・定価一四三〇円

赤いテラスのカフェから
フランスとアイヌの人々をつなぐ思索の旅　加藤 利器 著　A5判二一〇㎜×一四八㎜　一八四頁・定価一九八〇円

「有珠学」紹介手帖　大島 俊之 著　新書判一七三㎜×一一〇㎜　一八六頁・定価一三二〇円

存在の淋しさ
有島武郎読書ノート　梅田 滋 著　A5判二一〇㎜×一四八㎜　四七二頁・定価二二〇〇円

写真集 キツツキの世界　内海 千樫 著　A4判・二一〇㎜×二九七㎜　一一二頁・定価三〇八〇円

〈価格は消費税10%を含む〉